Renate Spannagel

Heilkraut Brennnessel

Renate Spannagel

Heilkraut Brennnessel

Gesundheitspflege
Teezubereitung
Kosmetische Anwendung

Weltbild

Inhalt

Da die Brennnessel überall in der Natur wild wachsend vorkommt, muss sie nicht angepflanzt werden.

In der Frauenheilkunde ist die Brennnessel vielseitig einsetzbar.

Vorwort

Die Brennnessel ist uns vertraut und zugleich fremd. Bislang blieb der Auslöser für den Hautreiz noch weitgehend unerforscht. Wahrscheinlich löst Histamin, zusammen mit einer anderen Substanz, das Brennen aus.

Bereits als Kind fand ich die Pflanzen im Wald, auf Wiesen, Bauruinen, in Kiesgruben und am Wegesrand spannend und aufregend. Jede von ihnen hatte für mich einen eigenen Charakter, ein unverwechselbares Gesicht und Wesen. Die Pflanzen waren meine Freunde – und Freunde will man ja schließlich immer besser kennenlernen!

Zum richtigen Zeitpunkt in meinem Leben machte ich diese besondere Liebe zu den Pflanzen und die Gabe, sie zu erkennen, zu meinem Beruf.

Ich danke meinen Kindern Alexander und Andrea, dass sie meinen Weg von der »Kräuterhexe« zur Dozentin für Kräuterkunde durch Versuche in der Küche, bei der Gesundheitspflege, in Garten- und Tierpflege unterstützt, bereichert und reguliert haben. Ich danke Erika, dass sie die familiäre Tradition wahrt und pflegt, und meinem Enkelkind Larissa für ihre Liebe zur Natur.

Die Brennnessel – ein altes Heilmittel

Die Brennnessel kennt doch jeder, werden Sie denken. Was ist an dieser einfachen Pflanze so bemerkenswert, um über sie einen Ratgeber zu schreiben?

Die erste Erinnerung an die Brennnessel beginnt für mich als blasses, zartes Nachkriegskind. Meine Mutter wollte meiner offensichtlichen Blutarmut mit Lebertran, meine Großmutter mit Brennnesselspinat zu Leibe rücken. Wer je Lebertran einnehmen musste, kann nachvollziehen, warum ich mich für die Brennnessel entschieden habe. Tatsächlich ist die Brennnessel keine Allerweltspflanze. Ihr Eisengehalt wirkt blutbildend, und der gesamte Organismus muss sich mit den reizstarken Wirkstoffen der Brennnessel auseinandersetzen.

Als ich dann viel später für meine eigene Familie mit der Wildkräuterküche zu experimentieren begann, wurde die Brennnessel zu einer meiner Lieblingspflanzen in der Küche, für die Teezubereitung, in der Gesundheitspflege und bei der kosmetischen Anwendung.

Ich wünsche Ihnen, dass Sie nach der Lektüre dieses Ratgebers ebenfalls die Lust verspüren, sich »ordentlich in die Nesseln zu setzen«.

Die Brennnessel kann innerlich und äußerlich angewendet werden. Wurzel, Blätter, Samen und Stängel dienen den verschiedensten Heilzwecken. Die Aura um einen Brennnesselbusch und der intensive Geruch weisen auf die besondere Stellung dieser wehrhaften Pflanze hin.

Renate Spannagel

Brennnesseln wachsen mit Vorliebe an Wegrändern, Gräben oder unter Hecken.

Vom Wesen der Brennnessel

Die Brennnessel gehört zur Gattung der Nesselgewächse und sie kommt in gemäßigteren Breiten in einigen Arten vor. Sie treibt unscheinbare Blüten an Blättern und Stängeln und erreicht in der Regel eine Höhe von 60–90 cm. Die Pflanze sät sich selbst aus und vermehrt sich durch Ausläufer.

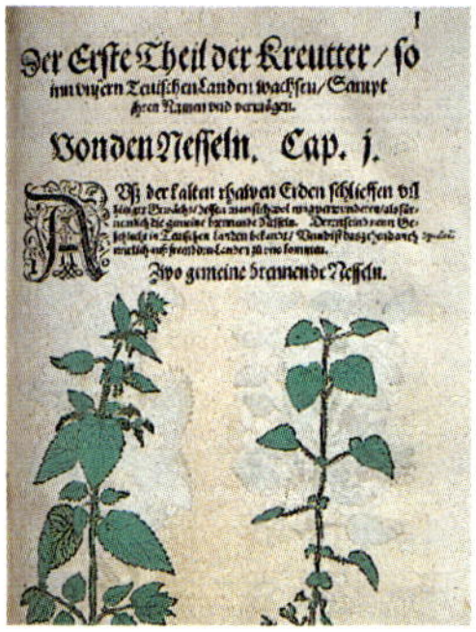

In der Kulturgeschichte Europas tritt die Brennnessel als Begleiterin des Menschen auf.

Beschreibung der Brennnessel

Das »Zusammenleben« von Menschen und Brennnesseln kann bis in die ältesten Ansiedlungen zurückverfolgt werden. Auch in frühen medizinischen Werken findet die Brennnessel bereits Erwähnung; sie wird zum Beispiel als Gegengift nach Genuss von Schierling und anderen Giftpflanzen sowie Quecksilber empfohlen. Plinius (1. Jh. n. Chr.) rät, Brennnesselsaft bei Verbrennungen durch die Nessel selbst einzusetzen – diese Methode verwenden die Homöopathen übrigens noch heute.

Bereits Hildegard von Bingen beschreibt die heilende Wirkung der Brennnessel bei verschiedenen Beschwerden.

Auch im Mittelalter wurde die Brennnessel verehrt: Albrecht Dürer stellt in einem Gemälde einen Engel dar, der eine Brennnessel zum Thron Gottes bringt.

Steckbrief

In Mitteleuropa sind zwei Arten der Brennnessel wichtig:

- Die Große Brennnessel: Diese mehrjährige Ruderalpflanze (Pflanze, die an Wegrändern und auf Schuttplätzen wächst) mit gegenständigen, länglichen und am Rand grob gesägten Blättern und langen Brennhaaren wird bis zu 1,5 m hoch.

✳ Die Kleine Brennnessel: Sie ist ein einjähriges Gartenunkraut und wird bis zu 50 cm hoch.

Beide Brennnesselarten blühen von Juni bis September. Die botanischen Unterschiede der Großen und der Kleinen Brennnessel brauchen hier nicht weiter zu interessieren. In Naturheilkunde und Homöopathie wird überwiegend die Kleine Brennnessel genutzt, weil ihre Reizwirkung stärker ist. Das sollten Sie auch beim Pflücken beachten.

Die Namen der Brennnessel

✳ Volksheilkundlicher Name: Große Brennnessel
✳ Wissenschaftliche Bezeichnung: Urtica dioica (von urere = brennen; dioica = zweihäusig)
✳ Volksheilkundlicher Name: Kleine Brennnessel
✳ Wissenschaftliche Bezeichnung: Urtica urens

Weitere Namen der Brennnessel:
✳ *Donnernessel*
✳ *Haarnessel*
✳ *Scharfnessel*
✳ *Heiternessel*
✳ *Gänsewurzel*

Die Brennhaare

Ein besonderes Merkmal der Großen wie der Kleinen Brennnessel sind ihre borstenförmigen, hohlen Brennhaare, die für die Pflanze einen Schutz darstellen. Die Spitzen dieser Haare, die hautreizende Giftstoffe (Säuren) enthalten, brechen bei Berührung ab und der Haarstumpf wirkt in der menschlichen oder tierischen Haut wie eine Injektionsspritze. Brennender Saft gelangt in die Stichwunden und es bilden sich juckende und brennende Quaddeln auf der Haut.
Vorsicht: Die Brennnessel versprüht ihre aggressiven »Reize« schon bei der kleinsten Berührung!

Inhaltsstoffe

In kaum einer wild wachsenden Pflanze sind so viele wertvolle und für die Gesundheit verwendbare Stoffe enthalten wie in der Brennnessel, die fast überall auf der Welt heimisch und schon lange als Gemüse- und Heilpflanze bekannt ist.

Zu den pflanzlichen Hormonen der Brennnessel gehört Histamin, das den Spannungszustand der inneren glatten Muskulatur beeinflusst. Die Ameisensäure wurde früher für das Brennen verantwortlich gemacht.

INHALTSSTOFFE DER BRENNNESSEL

In der ganzen Pflanze

Mineralien und Spurenelemente	Kalzium, Kalium, Magnesium, Phosphor, Natrium, Mangan, Kupfer, Eisen, Aluminium, Silizium
Vitamine	A, B1, B2, B12, C, D, E und K
Eiweißstoffe	Erforschte und unerforschte Aminosäuren
Säuren	Essig-, Gerb-, Gallus- und Ameisensäure, Acetylcholinsäure

Im Samen

- Säurehaltiges Pflanzenöl
- Phosphor
- Vitamin E
- Pflanzliche Hormone
- Pflanzliche Enzyme

HIER IST DIE BRENNNESSEL WIRKSAM

- Blasen- und Nierenschwäche
- Blutreinigung
- Bronchialkatarr
- Verschleimung bei Bronchitis
- Entschlackung
- Frühjahrsmüdigkeit
- Gastritis
- Gicht
- Infektionsanfälligkeit
- Kopfhautschuppen
- Prostataleiden
- Rheumatische Erkrankungen (vorbeugend, wenn eine erbliche Veranlagung vorliegt)
- Venenentzündung/Neigung zu Krampfadern; hier hilft eine äußerlich Anwendung in Form von Umschlägen, die zuvor mit Brennnesselsaft getränkt werden

Was man aus der Brennnessel alles machen kann

In der Hausmedizin hoch geschätzt, setzt man die Brennnessel gegen die verschiedensten Beschwerden und Krankheiten ein. Die bekanntesten Anwendungsgebiete sind: Rheuma, Gicht, Magenbeschwerden sowie zur Entschlackung.

Als Heilmittel kann man alle Bestandteile der Brennnessel verwenden, und zwar sowohl von der frischen als auch von der getrockneten Pflanze: Blätter, Wurzel und Samen.

Die Brennnessel kommt in folgenden Formen zur Anwendung:

- Tee (frische oder getrocknete Blätter)
- Saft (frisch oder konserviert)
- Gemüse
- Pulverextrakt
- Tinktur
- Essenz

Die Brennnessel enthält besonders viel wertvolles Chlorophyll, welches die Blutbildung stärkt.

Das Sammeln der Heilpflanze

Wichtig für das Sammeln ist, dass man die typischen Standorte der Pflanze kennt. Die Brennnessel muss nicht angepflanzt werden, sie wächst bevorzugt an allen landwirtschaftlich nur wenig kultivierten Plätzen und Flächen.

Wo wächst die Brennnessel?

Frühling In feuchten Wäldern, an Hängen, unter Hecken, in Gärten

Sommer Auf Lichtungen, an Wegrändern, in Laubwäldern, auf Ödland, auf feuchten Wiesen, an Bachrändern

Spätsommer und Herbst In Wäldern und auf Lichtungen, auf trockenen und feuchten Wiesen, an Wegrändern, auf Schutt, Hügeln und Mauern

Die Brennnessel ist anspruchslos. Sie wächst in der Sonne und im Schatten, an Häusern und am Rand von Mooren.

Die Brennnessel bevorzugt Standorte, die reich an Stickstoff sind.

Muffig riechende Brennnesseln mit braunen Blättern sind wertlos.

Wenn Sie bei einem Spaziergang Brennnesseln zum Trocknen sammeln, müssen Sie Folgendes beachten:

- Die beste Zeit sind die Vormittagsstunden.
- Das Wetter sollte trocken sein.
- Nur gesundes und sauberes Pflanzengut auswählen.
- Die Pflanzen lose in einen Korb legen oder zu lockeren Büscheln binden.
- Geben Sie die Samen in Papiertüten.

Nehmen Sie zum Sammeln am besten Arbeitshandschuhe und einen größeren Weidenkorb mit. Wichtig ist, dass die Brennnesseln beim Transport nicht zusammengepresst werden! Dabei entsteht nämlich Wärme und es gehen wertvolle Inhaltsstoffe verloren.

Ungedüngte Standorte bevorzugen!

Wenn an einem Brennnesselstandort am Wiesenrand der Pflanzenwuchs auffallend üppig und hoch ist, dann bedeutet es, dass diese Wiese sehr stark mit Stickstoff gedüngt wurde. Hier sollten Sie Ihre Kräuter auf keinen Fall pflücken – wir suchen unsere Brennnesseln an ungedüngten Standorten!

SAMMELKALENDER

Monat	Pflanzenteil	Zubereitung	Anwendung
Wurzeln			
März/April	Wurzel	Teeabkochung	Blasenschwäche
		Alkoholische Tinktur	Gegen Haarausfall, fördert den Haarwuchs, verhindert Schuppenbildung, wirkt gegen Milchschorf
Junge frische Brennnesseln			
Ende März–Anfang Juni	Junge Pflanzen	Wildgemüse	Entschlackend
		Frischsaft	Vitalisierend
		Tees	Unterstützt Selbstheilungsprozesse
	Spitzen	Suppen	Entsäuernd
	Herzen	Aufläufe	Blutreinigend
		Saucen	Behebt Eisenmangel
		Brotaufstriche	Zellbildend
Brennnesselkraut zum Trocknen			
April–Juli oder später	Ganze Pflanze mit Blüten ohne Samen	Teegetränk pur	
		Teedroge in Mischungen	
		Badezusatz	Blutreinigend
		Kompressen	Entwässernd
		Gesichtsmasken	Entzündungshemmend
		Schönheitspflege	Schmerzlindernd
Brennnesselsamen zum Trocknen			
Ab August–Oktober	Samen	Teegetränk pur	Gewebsstärkend
		Tonikum	Nervenstärkend
		Kräutersalzmischungen	Stimulierend, »Liebeszauber«, wohlschmeckend, anregend, »for ever young«

Das Sammelgut wird an einem luftigen, geschützten Ort, etwa auf dem Dachboden, zum Trocknen aufgehängt.

So stellen Sie die Darre her

- Nehmen Sie vier Holzleisten (ca. 10 cm hoch, ca. 1 m lang) und nageln Sie diese zu einem Quadrat zusammen.
- Legen Sie ein Stück dünnen Baumwollstoff über die Holzleisten und befestigen Sie ihn mit Reißnägeln.
- Auf dem Stoff breiten Sie das Pflanzengut locker aus und wenden es täglich.

Aufbewahrung der getrockneten Kräuter

Das Wort Droge leitet sich von altniederländisch droge »trocken« ab und bezeichnete ursprünglich lediglich die getrockneten pflanzlichen Rohstoffe.

Nach dem Trocknen die Blätter vorsichtig abstreifen und Bruchstellen möglichst vermeiden, weil über jeder Bruchstelle die Pflanze ihre Inhaltsstoffe ausdampft. Das führt zu einem Verlust ätherischer Öle.

Je größer Sie die Pflanzenteile belassen, umso mehr Inhalts- und damit Wirkstoffe bleiben in der Brennnessel enthalten. Getrocknete Kräuter sind eine lebendige Vollkonserve, deshalb sollten sie nicht in eine luftdichte Dose gepresst werden –

auch in Stoffsäckchen sollten Sie Ihre Kräutervorräte nicht aufbewahren. Der ideale Aufbewahrungsort ist ein dunkles Glas, das oben mit einem Stofftuch abgedeckt und zugebunden wird. Und denken Sie daran: Getrocknete Kräuter mögen kein Licht mehr!

Haltbarkeit der getrockneten Kräuter

Die optimale Haltbarkeit der getrockneten Brennnessel ergibt sich aus dem natürlichen Jahreszeitenablauf, denn wenn die Brennnessel im Frühjahr neu wächst, sollten auch Ihre Vorräte aufgebraucht sein.

Vorbeugen ist besser als heilen, denn: Gesundheit ist nicht nur ein Fehlen von Krankheit!

Entnehmen Sie Ihren trockenen Blättern immer nur eine geringe Menge, die Sie dann zur Verwendung für Tees oder zum Würzen zerkleinern – so bleibt möglichst lange das volle Aroma der Brennnessel erhalten.

Getrocknetes Kraut der Brennnessel verliert während der Lagerung schnell einen großen Teil seiner wichtigen Inhaltsstoffe. Das gilt insbesondere dann, wenn Sie die Pflanzenteile als Abkochung für einen Tee verwenden wollen. Für Badezusätze sind sie länger brauchbar.

Regelmäßige Kontrolle

Achten Sie beim Sammeln bereits darauf, dass keine Spuren von Insekten auf den Brennnesseln haften. Da selbst gepflückte Pflanzen nicht chemisch behandelt sind, könnte sich im Glas Insektenbefall bilden. Sie sollten daher Ihre Heilpflanzenschätze regelmäßig kontrollieren! Wenn Sie ganz sicher gehen wollen, dass sich auf den Pflanzen keine Insekteneier befinden, geben Sie die getrockneten Brennnesseln in Gefriertüten und legen sie mindestens acht Stunden ins Gefrierfach des Kühlschranks. Dann aus den Tüten nehmen. Darauf achten, dass die Pflanzenteile völlig trocken sind und wieder in Gläser füllen.

Die Brennnessel zur Blutreinigung

Unter Blutreinigung versteht man die gründliche Entschlackung des gesamten Stoffwechsels. Blutreinigungskuren regen die Nieren an, aktivieren die Magen- und Darmtätigkeit. Dabei werden Giftstoffe und Schlacken aus dem Körper ausgeschieden und – ein angenehmer Zusatzeffekt – auch überflüssiges Fett wird abgebaut, der lästige »Winterspeck« verschwindet.

Genauso, wie sich die Natur im Frühjahr erneuert, kann jeder Einzelne den Wiederbeginn mit einer Kur zu Hause feiern.

Das Frühjahr – Zeit für eine Blutreinigungskur

Traditionell werden Blutreinigungskuren im Frühjahr, zusätzlich auch im Herbst, durchgeführt. Denn zu Beginn eines neuen Jahres befällt viele Menschen die so genannte Frühjahrsmüdigkeit. Ursache dieser »Schlappheit« sind die Schlackstoffe, die sich durch Winterkost und Mangel an Bewegung im Organismus angesammelt haben. Deshalb sind wir in dieser Zeit auch anfälliger für Schnupfen, Erkältungen und grippale Infekte. Alles Symptome, die wir als eine sanfte Mahnung unseres Körpers verstehen sollten, ihn zu entgiften und zu entschlacken!

Die vitalisierende Kraft der Brennnessel bringt die Blutbildung und Verdauungsprozesse in Ordnung.

Entschlacken mit der Brennnessel

Zu Beginn des Frühjahrs steht uns überall die frische Brennnessel zur Verfügung. Und so ist es geradezu eine Aufforderung der Natur, für den inneren Frühjahrsputz diese Heilpflanze zu verwenden. Dabei nutzen wir die wertvollen Wirkstoffe der Brennnessel wie Eisen, Kalzium, Vitamine, Mineralstoffe und Spurenelemente für unsere Gesundheit.

Die Wirkung von Eisen und Sekretin

Der hohe Eisengehalt der Brennnessel sorgt für eine vermehrte Bildung von roten Blutkörperchen.

Sekretin, ein Hormon, das in Spuren in der Brennnessel enthalten ist, aktiviert die Verdauungsdrüsen in Magen, Darm, Leber, Bauchspeicheldrüse und Gallenblase. Auf diese Weise regt dieses Hormon zu erhöhten Ausscheidungen an. Die gleiche Funktion haben die Ballaststoffe, die in der Heilpflanze enthalten sind.

Die empfohlene Dauer einer Brennnesselkur liegt zwischen vier und sechs Wochen.

Die reichlich in der Brennnessel enthaltenen Mineralstoffe und Spurenelemente sind der Treibstoff für das Funktionieren unseres Immunsystems.

LOB DER BRENNNESSEL

Der Naturarzt und Dichter des Struwwelpeters, Dr. Heinrich Hoffmann, pries die Brennnessel schon als Heilpflanze.

»Brennnessel, verkanntes Kräutlein, Dich muss ich preisen,
dein herrlich Grün in bester Form baut Eisen,
Kalk, Kali, Phosphor, alle hohen Werte,
entsprechend aus dem Schoß der guten Mutter Erde.
Nach ihnen brauchst Du Dich nur hinzubücken,
die Sprossen für des Leibes Wohl zu pflücken,
als Saft, Gemüse oder Tee sie zu genießen,
das was umsonst gedeiht in Wald, auf Pfad und Wiesen,
selbst in noch dürftiger Großstadt, nahe Dir am Wegesrande,
nimm's hin, was rein und unverfälscht die gütige Natur,
Dir heilsam liebend schenkt auf ihrer Segensspur.«

Brennnesselsaft verdirbt schnell durch Gärung, am besten bereiten Sie sich immer nur die jeweilige Trinkmenge zu.

Verwendungen der Brennnessel

Die frischen Spitzen können zu wohlschmeckenden Suppen, für Aufläufe, als Gemüse und bei Wildkräuterrezepten verwendet werden (siehe Seite 56ff.). Die frischen Brennnesselblätter eignen sich für Teegetränke oder zum Herstellen von Brennnesselsaft (siehe Seite 23), den es aber auch fertig zu kaufen gibt. Wenn man Brennnesselsaft selbst herstellt, kann man davon täglich 1 TL über einen Zeitraum von drei Wochen einnehmen (bei fertigen Produkten die Hinweise des Herstellers beachten!).

Zur Aktivierung des Stoffwechsels empfiehlt es sich, ein bis zwei Vollbäder pro Woche mit einem Brennnesselzusatz zu nehmen. Dazu bereiten Sie einen Pflanzenaufguss aus frischen, geschnittenen Pflanzen (4 Hände voll ohne Wurzel) oder 300 g getrocknete Brennnesselblätter für eine Wannenfüllung.

»Hausputz« für Ihren Körper: Eine Brennnesselsaftkur hilft dem Körper, Schadstoffe auszuleiten, und bringt neue Vitalität.

Heilfasten mit der Brennnessel

Eine besonders intensive Frühjahrskur ist das so genannte Heilfasten. Darunter versteht man aber kein Überlisten des Körpers, sondern diese Methode ist ein freiwilliger innerlicher »Hausputz«, ohne dass man dabei hungern muss.

Wenn Sie sich zu einer Heilfastenkur entschließen, können Sie Brennnesseltees als »Müllabfuhr« einsetzen. Die Wirkstoffe der Brennnessel aktivieren Ihren Stoffwechsel und helfen dem Körper, die Schlackstoffe auszuscheiden. Zur Unterstützung des Heilfastens wirken die Brennnesseltees sanft ausleitend, blutreinigend und fördern die Durchblutung.

Kur mit Brennnesselsaft

Bereits Pfarrer Sebastian Kneipp empfahl seinen Patienten, mindestens zweimal im Jahr (Frühjahr, Herbst) eine Brennnesselsaftkur aus frisch gepressten Pflanzen durchzuführen. Diese bringt uns auch heute noch Lebensenergie und Vitalität.

Frischer und konservierter Brennnesselsaft

Zwei Hände voll frische Brennnesselblätter zerkleinern und durch ein Plastikhaarsieb streichen oder in die Saftpresse geben. Die frischen Wirkstoffe der Brennnessel sollten nicht mit Metallen in Berührung kommen. Der Saft muss täglich frisch hergestellt werden. Eine Dosierungsempfehlung von Pfarrer Kneipp:
3-mal täglich 1 EL über einen Zeitraum von 4–6 Wochen einnehmen.

Wer den Brennnesselsaft nicht selbst herstellen will, kann ihn auch als konservierten Frischpflanzensaft kaufen. Er ist als naturreiner Brennnesselpflanzensaft, als Brennnesseltrunk, als Gärextrakt und als Brennnesselfruchtsaft mit Apfel- und Traubensaft in Reformhäusern, Apotheken und Naturkostfachgeschäften erhältlich. Bei guter Verträglichkeit kann er vier Wochen lang angewendet werden.

Tipp bei empfindlichem Magen: Menschen mit Magenproblemen vertragen reinen Brennnesselsaft vielleicht schlecht. Dann mischt man den frischen Saft in Sauermilchgetränke (Buttermilch oder Kefir) und trinkt diesen Gesundheitscocktail eine Stunde vor dem Essen.

Stärkungsmittel aus frischem Brennnesselsaft

♦ ZUTATEN ♦

1–2 TL Brennnesselsaft, frisch gepresst
1/4 l roter Bordeauxwein

Die Zutaten mischen. Der Wein kann auch durch roten Traubensaft, schwarzen Johannisbeersaft oder Gemüsesaft ersetzt werden. Dieser Trunk enthält viel Eisen, Vitamin B und C. Wenn man ihn täglich trinkt, vertreibt er Müdigkeit und wirkt gegen Blutarmut (Anämie).

Teerezepte zur Blutreinigung

Maßnahmen zur Entschlackung des Stoffwechsels und zum Entlasten des Kreislaufs werden herkömmlich als Blutreinigung bezeichnet, ein Begriff aus der alten Medizin.

♦ ZUTATEN ♦

50 g Brennnesselkraut
50 g Hagebuttenschalen
50 g Apfelschalen oder -trester

Heilfastentee

Zubereitung 2 EL der Teemischung mit 1/2 l kochendem Wasser aufbrühen, ca. 10 Minuten ziehen lassen, dann abgießen.

Dem fertigen Tee etwas Quittensaft hinzufügen. Dadurch gleichen sich leichte Magenbeschwerden und Fastenmüdigkeit aus.

♦ ZUTATEN ♦

50 g Brennnesselkraut
50 g Holunderblüten
50 g Birkenblätter
50 g Ackerveilchen
1 Flasche Schlehensaft

Blutreinigungstee mit Schlehensaft

Zubereitung Brühen Sie 3 TL dieser Mischung mit 1/2 l kochendem Wasser auf. 8 Minuten ziehen lassen, abseihen und mit etwas Schlehensaft süßen.

Täglich 2–3 Tassen warm trinken – geeignet für eine Kur, die 3 Wochen lang durchgeführt werden kann.

Schlehensaft ist als Dick- oder Fruchtsaft in Naturkostfachgeschäften, Reformhäusern und Apotheken erhältlich.

Hinweis Sollten in dieser Zeit Hautunreinheiten auftreten, ist das ein gutes Zeichen. Denn der Körper scheidet auch Giftstoffe über die Haut aus.

ANWENDUNG DER BRENNNESSEL BEI AKNE

Akne ist eine Verstopfung der Talgdrüsen, die sich als Mitesser, Pickel, Pusteln oder Entzündungen auf der Haut zeigt.

Die Behandlung von Akne ist sehr schwierig. Man kann sie aber durch die Anwendung von Brennnesseltee günstig beeinflussen.

Jugend-Akne heilt nach der Hormonumstellung meist von selbst.

Kräuterkraft gegen Blutarmut:
- *Brennnesselblätter sind eisenhaltig*
- *Schafgarbe wirkt blutfarbstoffbildend*
- *Pfefferminze fördert den Stoffwechsel*

Tee bei Hautunreinheiten oder Akne

Zubereitung 3 TL Teemischung mit 1/2 l kochendem Wasser aufbrühen, 10 Minuten ziehen lassen, abseihen. Täglich 3 Tassen warmen Tee trinken. Sie können auch ein Wattebäuschchen mit dem Tee tränken und ihn zur Hautreinigung verwenden, einfach glänzende Stellen (Stirn, Nasenflügel) damit einreiben.

♦ ZUTATEN ♦

25 g Brennnesselkraut
25 g Melissenblätter
25 g Salbeiblätter
25 g Birkenblätter
25 g Ackerveilchen (Violae tricol. herb.)
25 g Schlehdornblüten

Kräutertee bei Blutarmut

Zubereitung 3 TL der Mischung mit 1/2 l kochendem Wasser aufbrühen. Ungefähr 5 Minuten ziehen lassen, abseihen. Morgens 1 Tasse (nach Belieben mit Honig gesüßt) trinken, den Rest in eine Thermoskanne füllen und jeweils 1/2 Stunde nach den Mahlzeiten trinken.

♦ ZUTATEN ♦

100 g Brennnesselblätter
30 g Schafgarbenblüten
30 g Johanniskraut
40 g Pfefferminzblätter

♦ ZUTATEN ♦

50 g Brennnesselblätter
50 g Schafgarbenblüten
50 g Johanniskraut
50 g Ringelblumenkelche
50 g Birkenblätter
50 g Hagebuttenschalen
30 g Goldrute

Entwässerungstee

Zubereitung 5 TL der Mischung mit 1 l kochendem Wasser aufbrühen, ca. 8 Minuten ziehen lassen und abgießen. Eine Geschmacksverbesserung erreicht man durch Zugabe von Apfelsaft, frischen Zitronenscheiben und Honig.

Anwendungsdauer 4–6 Wochen lang mehrere Tassen täglich trinken.

♦ ZUTATEN ♦

50 g Brennnesselblätter
30 g Holunderblüten
30 g Birkenblätter
30 g Schlehdornblüten

Blutreinigungstee

Zubereitung 4 TL der Teemischung mit 1/2 l kochendem Wasser aufbrühen, ca. 10 Minuten ziehen lassen und abseihen.

Um das Ausleiten von Giftstoffen (Toxinen) zu erleichtern, empfiehlt es sich, täglich bis zu 3 Tassen zu sich zu nehmen.

♦ ZUTATEN ♦

30 ml Brennnesseltinktur
10 ml Johanniskrauttinktur
10 ml Tausendgüldenkrauttinktur

Pflanzentinkturmischung

Zubereitung Die Tinkturen vermischen und 10–25 Tropfen davon in ein Glas Wasser geben. 3-mal täglich vor den Mahlzeiten trinken.
Wirksam bei Blutarmut.

Diese Mischung können Sie sich auch, statt mit Tinkturen, aus Pflanzenfrischsäften (ohne Alkohol) herstellen. Dann muss sie allerdings bald verbraucht werden.

ENTGIFTEN UND ENTSCHLACKEN MIT BRENNNESSELSAFT

Der Brennnesselsaft fördert die Ausscheidung und wirkt daher unterstützend bei Schlankheitskuren und nach Ernährungsfehlern. Man nimmt ihn meist esslöffelweise ein.
Pressen Sie sich den Saft direkt und frisch vor der Einnahme.

Der Säure-Basen-Haushalt des Körpers

Fragen Sie sich bei manchen Menschen auch manchmal: »Warum ist der so sauer?« Von einem Menschen, der gereizt ist, sagt man, er ist »ein säuerlicher Typ« – und das stimmt!

Viele Menschen haben falsche Ernährungsgewohnheiten und die Folge davon ist eine Übersäuerung des Organismus.

Mithilfe einer Zugabe von schwachen Säuren oder Basen im Blut und der Ausscheidung durch Niere und Lunge hält der Körper das Säure-Basen-Gleichgewicht konstant: in Zellen und Körperflüssigkeiten auf dem pH-Wert 7,3 bis 7,4 (reines Wasser zum Vergleich: pH-Wert 7,0).

Ursachen von Übersäuerung und mögliche Folgeerkrankungen

- Zu viel tierische Nahrung: begünstigt Gicht und Rheuma
- Zu hoher Zuckerkonsum: kann Diabetes zur Folge haben
- Zu wenig frisches Obst und Gemüse: Immunschwäche, Verdauungsstörungen
- Zu viele Genussgifte (Alkohol, Nikotin): fördern das Entstehen chronischer Erkrankungen
- Stress und Bewegungsmangel: verstärken Säureüberschüsse des Körpers

Übersäuerung abbauen

Die Nieren sind für die Regulierung des Säure-Basen-Haushalts des Körpers verantwortlich. Daher wird in der Naturheilkunde zur ausleitenden und unterstützenden Behandlung – etwa bei Rheuma und Gicht – die Brennnessel verwendet.

Zur Unterstützung der Säureausscheidung durch die Nieren bereiten Sie sich am besten einen Tee mit hohem Mineral-

BITTE BEACHTEN SIE

Bei Wasseransammlung im Gewebe (Ödemen) infolge eingeschränkter Herz- oder Nierentätigkeit darf unter keinen Umständen eine Durchspültherapie mit Brennnesseltee durchgeführt werden.

stoffgehalt zu. Sein Geschmack ist grasartig und man kann ihn mit einigen Tropfen milder Sojasauce oder Kelpmare-Würzsauce verfeinert trinken. (Gerstengraspulver und Kelpmare-Würzsauce sind in Naturkostfachgeschäften, Reformhäusern und Apotheken erhältlich.) Die Anwendungsdauer sollte drei Wochen betragen.

♦ ZUTATEN ♦

2 TL Ackerschachtelhalm (Zinnkraut)
2 TL Brennnesselkraut
2 TL getrocknetes Weizen- oder Gerstengraspulver

Entsäuerungstee

Zubereitung Die Mischung aus Kraut und Pulver mit 1 l kochendem Wasser aufbrühen, 8–10 Minuten ziehen lassen, abseihen.
Vom Entsäuerungstee 1 Tasse vor dem Frühstück trinken, den restlichen Tee warm halten und über den Tag verteilt trinken. Am besten ist es jedoch, wenn Sie jede Tasse frisch zubereiten.

Was ist Rheuma?

Trotz großen Forschungsaufwandes ist über die Ursache von Rheuma oder rheumatischen Erkrankungen sehr wenig bekannt. Als Auslöser dieser sehr schmerzhaften Erkrankung scheinen Stress, Bewegungsmangel, Krankheitsherde (z.B. vereiterte Zähne) und erbliche Vorbelastung eine große Rolle zu spielen.

Rheumatismus bedarf auf jeden Fall fachärztlicher Betreuung. Doch kann eine Heilpflanzenbehandlung mit der Brennnessel bei rheumatischen Erkrankungen therapieunterstützend wirken.

Mit der Brennnessel Rheuma behandeln

Schon im Altertum wurde die äußerliche Behandlung mit frischen Brennnesselblättern als äußerst wirkungsvoll gepriesen. Und noch heute halten Naturheilkundige eine solche An-

Schon ein millionstel Gramm des Nesselgifts löst den Hautreiz aus.

wendung der Brennnessel für sinnvoll. Wenn Sie sich der nachfolgend beschriebenen Radikalkur unterziehen wollen, setzt das allerdings eine gewisse Robustheit voraus.

Das Schlagen mit frischen Brennnesseln

Diese starke Reiztherapie wirkt schmerzlindernd bei Rheuma, Ischias und Hexenschuss. Die meisten Patienten vertragen sie gut.

Besorgen Sie sich 1–2 Sträuße frische Brennnesseln ohne Wurzeln (im Mai ist der Gehalt an Nesselgift am stärksten). Streichen Sie mit der frischen Brennnessel wiederholt über die betroffenen Körperpartien oder schlagen Sie auf die schmerzenden Stellen leicht ein. Dabei dringt das in den Brennhaaren enthaltene Nesselgift in die Haut ein und erzeugt ein angenehmes, mehrere Stunden anhaltendes Gefühl von Wärme. Am Tag der Anwendung darf die behandelte Haut nicht mit kaltem Wasser in Berührung kommen.

✳ Das Schlagen mit dem frischen Brennnesselkraut sollte an zwei oder drei aufeinander folgenden Tagen einmal täglich durchgeführt werden.

Bei mittelkräftigen, bewussten Schlägen mit Brennnesselpflanzen tritt das Nesseln anders in Erscheinung als bei unwillkürlicher streifender Bewegung – der Reiz ist eher wohltuend. Ein unerklärliches Phänomen der mysteriösen Brennnessel.

Als Quaddeln bezeichnet man weißliche Hauterhebungen mit deutlich abgesetzten Rändern. Im Grunde genommen sind es kurzlebige Ödeme, also kleine Flüssigkeitsansammlungen, wie sie auch bei der Hautkrankheit Nesselsucht auftreten.

✳ Nach der Behandlung mindestens zwei bis drei Tage pausieren, weil die Haut durch die aggressive Wirkung der Brennnessel sensibilisiert worden ist.

ENDE GUT – ALLES GUT

In den Nachkriegsjahren mussten wir Kinder das Radfahren auf Herrenfahrrädern lernen. Der Versuch meiner Schwester endete nach einer rasanten Fahrt in einem riesigen Brennnesselfeld. Ihr ganzer Körper war mit dicken Quaddeln übersät und so erhitzt, dass ein Fieberschub folgte. Zur Linderung der Beschwerden wickelte meine Mutter das kleine Mädchen in mit Essig getränkte Leintücher. Bis heute hat meine Schwester keinerlei rheumatische Beschwerden – ob sie das wohl der unfreiwilligen »Brennnessel-Radikalkur« in ihrer Kindheit verdankt?

Teerezepte bei Rheuma

Rheumatismus oder Rheuma (von griechisch rheuma »Fluss, Strömung«) ist eine sehr schmerzhafte Erkrankung. Man kann Rheuma als eine überempfindliche Reaktion des Organismus im Sinne einer Allergie auffassen. Eine Heilpflanzenbehandlung mit Brennnessel ist sinnvoll, da das gesamte Stoffwechselgeschehen verbessert wird.

Brennnesselblättertee

Zubereitung 2 gehäufte TL Brennnesselblätter mit 1/2 l kochendem Wasser aufbrühen, 5 Minuten köcheln lassen. Danach Abseihen, und mäßig warm trinken.

Anwendung Morgens und abends je 1 Tasse über einen Zeitraum von 4–6 Wochen.

Heilpflanzentee bei rheumatischen Beschwerden

Zubereitung 2 TL der Mischung I mit 1/4 l kochendem Wasser aufbrühen, 10 Minuten ziehen lassen, abseihen und mäßig warm trinken.

Alternative

2 gehäufte TL der Mischung II mit 1/4 l kaltem Wasser übergießen, langsam bis zum Sieden erhitzen, dann etwa 5 Minuten ziehen lassen und abseihen.

Einnahmedauer 3 Tassen täglich über 4–6 Wochen. Normalerweise sind die Rheumatees gut verträglich. Wenn aber Magen- oder Darmbeschwerden eintreten, dann brechen Sie die Teekur sofort ab!

♦ ZUTATEN ♦

Mischung I
20 g Brennnesselblätter
20 g Löwenzahnwurzeln mit Kraut
10 g Ackerschachtelhalm (Zinnkraut)
5 g Birkenblätter
5 g Hagebutten mit Samen

Mischung II
je 10 g Holunderblüten
Ackerschachtelhalm (Zinnkraut)
Brennnesselblätter
Löwenzahnblätter
Birkenblätter

Die Zubereitung von Brennnesselgeist

Brennnesselgeist aus frischen, jungen Pflanzen

Zubereitung Die trockenen Brennnesselblätter säubern, versehrte und braune Blätter entfernen. Locker in ein helles Weithalsglas füllen und mit dem Alkohol übergießen. Diesen Ansatz 4–6 Wochen an der Sonne oder an einem warmen Platz (30 °C) stehen lassen. Danach abseihen und die Flüssigkeit in eine dunkle Flasche füllen. Hierfür am besten die Kleine Brennnessel verwenden, da sie wegen ihres hohen Gehalts an Nesselgift als Hautreizmittel besonders gut geeignet ist.

Anwendung als Hautreizmittel Bei Rheuma, Gicht und verschiedenen Glieder- und Gelenkschmerzen die entsprechenden Stellen einreiben.

♦ ZUTATEN ♦

2–3 Hände voll frische junge Brennnesselblätter
1 l 40-prozentiger Alkohol aus der Apotheke

GRUNDREGEL FÜR ANSATZ VON KRÄUTERGEIST

Die Blätter und Blüten mit 40-prozentigem Alkohol ansetzen. Für Samen, Beeren, Wurzeln und Rinden 60- bis 70-prozentigen Alkohol verwenden.

♦ ZUTATEN ♦
50 g getrocknete Brennnesselwurzeln, klein geschnitten
1/2 l 60-prozentiger Alkohol

Brennnesselgeist aus getrockneten Wurzeln

Zubereitung Die getrockneten Brennnesselwurzeln (sie sollten nicht älter als ein Jahr sein) in ein helles Weithalsglas füllen und mit dem Alkohol übergießen.

Den Ansatz mindestens 3 Wochen an der Sonne oder einem warmen Platz (30 °C) stehen lassen. Dann abseihen und in eine dunkle Flasche füllen.

Die Anwendung von Brennnesselgeist

Äußerlich Brennnesselgeist mit Apfelessig im Verhältnis 1:5 gemischt an den betroffenen Stellen einmassieren bei:

- Starker Kopfschuppenbildung
- Nesselsucht
- Allergischen Hautreaktionen
- Hautunreinheiten
- Nervenschmerzen

Innerlich 3 Wochen 3-mal täglich 10–20 Tropfen Brennnesselgeist in ein Glas Wasser geben:

- Zum Ausschwemmen und Entschlacken

Was ist Gicht?

Die Gicht, früher Krankheit der Reichen genannt, ist eine Stoffwechselerkrankung. In Zeiten des Nahrungsmittelmangels tritt sie selten auf; so war sie in den Kriegs- und Nachkriegsjahren nahezu unbekannt. Sie verbreitete sich erst wieder verstärkt in der so genannten Wohlstandsgesellschaft.

Der Verzehr von übermäßig viel Fleisch, Zucker und Alkohol führt zu einem Anstieg der Harnsäurewerte im Blut. Je ausgeprägter diese Ernährungsgewohnheiten sind, umso wahrscheinlicher sind Kristallablagerungen an Gelenken und Sehnen. Allerdings bilden nicht alle Menschen mit überhöhtem Harnsäurewert Gicht aus – warum, ist unbekannt.

Wenn in Ihrer Familie bereits einmal Gicht aufgetreten ist, sollten Sie Ihre Harnsäurewerte unbedingt regelmäßig von einem Arzt kontrollieren lassen.

Die Brennnessel bei Gicht

Eine Gichttherapie kann durch regelmäßiges Trinken von Brennnesseltees unterstützt werden. Dabei sollte der Patient aber auch darauf achten, seinen Alkohol- und Fleischkonsum zu reduzieren und dem Körper vermehrt Flüssigkeit zuzuführen.

Teerezepte bei Gichtanfälligkeit

Grundsätzlich eignen sich Tees, die entwässern und harntreibend sind. Die Nieren werden durchgespült, stockende wässrige Ansammlungen geraten in Fluss, Harnsäurekristalle lösen sich. Die blutreinigende Wirkung der Brennnessel kann für eine dauerhafte Linderung sorgen.

Entsäuernde Teemischung

Zubereitung 1 TL der Mischung mit 1 Tasse kochendem Wasser aufbrühen, 8 Minuten ziehen lassen, abseihen. Morgens nüchtern 1 Tasse trinken. Bei Bedarf können auch 2 Tassen getrunken werden.

Anwendungsdauer 3 Wochen

♦ ZUTATEN ♦

50 g Brennnessel
25 g Birkenblätter
25 g Ackerveilchen
25 g Ackerschachtelhalm (Zinnkraut)

Teemischung aus der Hofapotheke König Ludwigs II.

Zubereitung 2 TL der Mischung mit 1/2 l kochendem Wasser aufbrühen, 8 Minuten ziehen lassen, abseihen.

Anwendungsdauer 3 Wochen

Achtung Bei akuten oder chronischen Nierenbeschwerden dürfen Wacholderbeeren unter keinen Umständen verwendet werden!

♦ ZUTATEN ♦

2 Teile Wacholderbeeren, zerstoßen
1 Teil Brennnesselblätter
1 Teil Birkenblätter
1 Teil Schafgarbeblüten

Pflanzenheilkunde

Die Beschäftigung mit Heilkräutern kann ein schöner Ausgleich zum hektischen Alltag sein.

Heilkräuter werden auch »Medizin am Wegesrand« genannt. Die Menschen früherer Generationen wussten, mit welchen milden und ungiftigen Heilkräutern sie welche Krankheiten behandeln konnten und sie vertrauten auf die Heilkraft der Kräuter. Auch heute sollten wir daran denken, dass Heilkräuter unverzichtbare Helfer aus der »Apotheke Gottes« sind.

Die individuelle Wirkung von Heilkräutern

Heilkräuter wirken auf jeden Menschen anders. Sie sollten sich unbedingt nach den in den Rezepten angegebenen Zutatenmengen richten. Wenn trotz einer regelmäßigen Einnahme keine Besserung eintritt, wählen Sie statt dessen eine andere Heilpflanze oder eine Teemischung mit ähnlicher Wirkungsweise. Mit frisch zubereiteten Tees nutzen Sie das Aroma und die Inhaltsstoffe der Heilpflanze am besten. Wenn Sie keine Gelegenheit haben, sich den Tee frisch zu machen, können Sie Ihren vorbereiteten Tee in der Thermoskanne warm halten.

Die Phytotherapie oder Pflanzenheilkunde beschäftigt sich mit der Behandlung von Menschen durch Pflanzen.

Hinweise zur Selbstbehandlung

Die Verwendung von Heilpflanzen ist die gebräuchlichste Art der Selbstbehandlung. Es empfiehlt sich aber grundsätzlich, vor dem Beginn einer längeren Teekur den Arzt oder einen Heilkundigen um Rat zu fragen. Sie sollten unbedingt einen Arzt aufsuchen, wenn:

- Innerhalb von 3–4 Wochen keine Linderung der Beschwerden eintritt

- Anfangs eine Besserung spürbar ist, nach Beendigung der Anwendung jedoch die Beschwerden wieder auftreten
- Es während der Kur zu allergischen Reaktionen (z. B. Hautausschlägen, Atem- oder Kreislaufbeschwerden) kommt

Hinweis für Allergiker

Allergische Wirkungen durch winzige Spuren des Nesselgiftes sind erfahrungsmedizinisch belegt, streng wissenschaftlich jedoch unbewiesen. Dennoch ist Allergikern beim Genuss von Brennnesseln zu erhöhter Vorsicht geraten.

Nehmen Sie sich Zeit!

Beim Sammeln, Trocknen, Auswählen und Zubereiten eines Kräutertees sollten Sie sich viel Zeit nehmen – das wirkt entspannend auf die Psyche.

Die Zubereitung von Heilkräutertees

Die Zubereitung von Tee ist die gebräuchlichste Anwendungsform von Heilpflanzen. Man kann die verschiedenen Teile der Heilpflanze, die auch unterschiedlich wirken, verwenden.

Teemischungen

Bei sachkundiger Anwendung eignen sich Heilkräutertees zur sanften Selbstbehandlung.

Die Mengenangaben in den Teerezepten beziehen sich auf getrocknete Kräuter. Da nicht alle Heilpflanzen in frischem Zustand genießbar sind, sollten Sie auf keinen Fall experimentieren. Bei der Brennnessel können Sie jedoch unbedenklich auch aus der frischen Pflanze Ihr Teegetränk zubereiten.

In alten Rezepturen werden die Zutatenmengen für Kräutertees mit 1 Teil angegeben, was von Kräuterkundigen noch heute bewusst so weitergegeben wird.

Brennnesseltee entwässert

Berücksichtigen Sie bei Ihrem Tagesplan, dass die Brennnessel

Frische Brennnesseln ergeben nach dem Trocknen etwa 1/3-1/4 der Menge der frischen Pflanze.

stark entwässernd wirkt. Daher sollten Sie Ihren Tee nicht am späten Abend, vor langen Sitzungen, Wanderungen oder einem Stadtbummel trinken!

Heilpflanzen gezielt anwenden

Die ausgewählten Teemischungen berücksichtigen altes volksheilkundliches Wissen, und ihre Wirksamkeit haben mittlerweile moderne Forschungsergebnisse bestätigt. Für die Teerezepte wurden ausschließlich Heilpflanzen ausgewählt, die in der richtigen Dosierung unbedenklich genutzt werden können. Davon ausgenommen sind apothekenpflichtige Drogen (= hochwirksame Teile einer Heilpflanze) oder Fertigteemischungen nach dem Deutschen Arzneibuch (DAB).

Augen und Nase auf beim Brennnessel- und Kräuterkauf

Wer keine Möglichkeit hat, seine Kräuter selbst zu sammeln, aber dennoch ihre Heilwirkung nutzen möchte, kann auf ein großes, aber qualitativ unterschiedliches Angebot im Fachhandel, in Naturkostläden, Reformhäusern etc. zurückgreifen. Im Folgenden erfahren Sie, was Sie beim Kräuterkauf berücksichtigen müssen.

Welche Qualität erhalte ich wo?

Apotheke Die Qualität entspricht dem Deutschen Arzneibuch (DAB): 2% Blüten- und bis zu 5% Stängelanteile

Reformhaus/Naturkostfachgeschäft Brennnesseltee aus kontrolliert biologischem Anbau und aus Wildwuchs

Einzelhandel, Drogeriemärkte Brennnesseltee aus herkömmlichem Anbau

Da an jeder Schnitt- bzw. Bruchstelle eines Heilpflanzenblattes Wirkstoffe austreten (»verduften« oder »verdampfen«), sollten Sie Heiltees auf keinen Fall in Teebeuteln kaufen!

TEEKRÄUTER

Manche Teekräuter sind unter verschiedenen Bezeichnungen bekannt. Hier garantiert der wissenschaftliche Name die Unverwechselbarkeit:

- Ackerschachtelhalm = Zinnkraut (Equisetum arvense)
- Ackerveilchen (Viola tricolor)
- Echte Goldrute (Solidago virgaurea)
- Odermennig (Agrimonia eupatoria)
- Zitronenmelisse = Melisse (Melissa offic.)
- Zitronenverbena = Zitronenstrauch (Aloysioa triphylla; früher Lippia citriodora)

Welche Arten der Zubereitung gibt es?

Aufguss (mit kochendem Wasser brühen)

- Für Blätter, Blüten, zerstoßene oder gemahlene Samen und das ganze Kraut geeignet. Verwendet man auch Wurzelteile, werden diese pulverisiert und mit den anderen Pflanzenteilen vermischt.
- 1 TL Teemischung mit 1 Tasse (ca. 1/8 l = 125 ccm) kochendem Wasser aufbrühen, zudecken, zwischen 5–15 Minuten ziehen lassen und abseihen. Dabei ist es ganz wichtig, die Heilkräuter im Sieb auszupressen!

Tees mit einem hohen Anteil an ätherischen (flüchtigen) Ölen nur kurz aufgießen!

Abkochen

- Für Wurzeln, Rinden, ganze Samen und Früchte geeignet.
- 2 TL der zerkleinerten Zutaten in ca. 1/2 l Wasser bei geringer Hitze in 20–30 Minuten langsam zum Sieden bringen, 5–10 Minuten leicht köcheln lassen und nach kurzem Stehenlassen abseihen. Zum Abseihen (filtrieren) verwenden Sie ein Tee- oder Haarsieb bzw. einen Teestrumpf aus festem, aber durchlässigen Baumwollstoff.

Kaltauszug Die vorgeschriebene Zutatenmenge mit der entsprechenden Menge kaltem Wasser übergießen. Mehrere Stunden bei Raumtemperatur stehen lassen und dann abseihen. Gegen diese Zubereitungsart sind in letzter Zeit Bedenken geäußert geworden, weil in wissenschaftlichen Untersuchungen bei Kaltauszügen eine hohe Keimzahl nachgewiesen wurde.

Regel für die Teezubereitung

✳ Weiche Teile der Heilpflanze – Blüten, Blätter, Kraut – nach der weichen Methode zubereiten: nur aufbrühen.
✳ Harte Teile der Heilpflanze – Wurzel, Rinde, Samen – nach der harten Methode zubereiten: lange Hitzezufuhr, köcheln.

Natürliches Aromatisieren

Wenn Sie den »gewöhnungsbedürftigen« Geschmack des Brennnesseltees verbessern wollen, sollten Sie Ihre Teegetränke mit den frischen Blättern des Zitronenstrauchs (Zitronenverbena) aromatisieren. Dazu können Sie sich im Sommer einen Zitronenstrauch als Kübelpflanze an einem sonnigen Standort aufstellen.

Mit den Blättern des Zitronenstrauchs können Sie Teegetränke aromatisieren.

Die zitronenartig duftenden Blättchen können Sie dann zur Aromatisierung Ihrer Teemischungen ernten. Bezugsquelle für den Zitronenstrauch (Zitronenverbena): Blumenschule Rainer Engler, 86956 Schongau, Augsburger Str. 62, oder in großen Gartencentern.

Wann soll man Kräutertee trinken?
- *Appetitanregende und verdauungsfördernde Tees: 1/2 Stunde vor dem Essen*
- *Tees gegen Husten, Erkältungen, Blutreinigung, Entsäuerung: zwischen den Mahlzeiten*

Die Blätter des Zitronenstrauchs

Der Zitronenstrauch, auch Zitronenverbena genannt, hat den Geruch unserer einheimischen Zitronenmelisse. Doch im Gegensatz zu ihr ist das Aroma der Zitronenstrauchblätter im Tee zu schmecken. Zur Zubereitung von Brennnesseltee sind Teehandpresskannen hervorragend geeignet!

Wie lange soll man Teekuren durchführen?

Wenn im Rezeptteil nicht anders angegeben, soll eine Heilteekur drei Wochen durchgeführt werden. Bei einer längeren Anwendung gewöhnt sich der Körper an die Inhaltsstoffe und die Wirkung lässt nach. Die günstigsten Zeiten für eine Kur mit Brennnesseltee sind Frühjahr und Herbst.

Vorsicht vor Dauergebrauch von Heiltees. Eine Schädigung des Organismus, etwa Reizung und Mineralstoffverlust, ist dann nicht auszuschließen!

Fallbeispiel

In einem kräuterkundlichen Seminar wurde auch über Brennnessel gesprochen. Eine Teilnehmerin erzählte, dass sie vor Jahren unter Gichtanfällen litt und seither täglich mindestens 1–3 Teelöffel getrocknete Brennnesselsamen aufs Butterbrot streue. Die Gelenkschmerzen seien verschwunden, aber ihre Haut sei sehr trocken und jucke. Der monatelange Konsum des stark entwässernden Brennnesselsamens hatte nicht nur die Harnsäure ausgespült, sondern auch lebenswichtige Mineralstoffe. Das führte zu der sichtbaren Mangelerscheinung.

Heilkräuter-Teerezepte

Teezubereitungen mit der Brennnessel spielen eine wichtige Rolle bei der Linderung leichter Beschwerden des unausgeglichenen Organismus.

Einfacher Brennnesseltee

Zubereitung 2 TL getrocknetes Brennnesselkraut mit 1 Tasse kochendem Wasser aufbrühen, 8 Minuten ziehen lassen.

Zubereitungshinweis Pressen Sie die überbrühten Brennnesseln nach dem Abseihen im Sieb aus (Vorsicht: heiß!), so erhöhen Sie den Wirkstoffgehalt. Je grasgrüner ein Brennnesseltee, desto wirksamer und gehaltvoller ist er. Trinken Sie täglich 2–3 Tassen 3 Wochen lang.

Wirkung Der Tee regt den Stoffwechsel an; er wirkt leicht harntreibend und übt eine reinigende Wirkung auf das Blut aus.

Brennnesselsamentee pur

Wollen Sie Ihren Tee mit Honig süßen, lassen Sie ihn trinkwarm abkühlen und fügen erst dann den Honig hinzu. Sonst zerstört die Hitze seine wertvollen Inhaltsstoffe.

Zubereitung 3 TL gemahlenen Brennnesselsamen mit 1/2 l kochendem Wasser aufbrühen, ca. 8–10 Minuten ziehen lassen und den schleimhaltigen Tee abseihen (entweder Baumwollfilter oder Teehandpresskanne benutzen).

Nach Geschmack mit Honig süßen.

Wirkung

- Der hohe Schleimgehalt der Brennnesselsamen beruhigt Magen und Darm. Er hilft auch bei hartnäckiger Bronchitis.
- In der Frauenheilkunde dient er als pflanzliche Hormonkur.
- Er eignet sich gut als Getränk beim Heilfasten. Der Tee beruhigt die Magennerven und sorgt für eine gute Darmausleitung.

Anwendungsdauer Täglich 2–3 Tassen 2–3 Wochen lang.

Brennnesseltee aus der frischen Pflanze

Zubereitung 1 ganze frische Brennnesselpflanze (mit Blättern, Stiel und Samen) zerkleinern und mit heißem Wasser aufbrühen. Das ergibt ein tiefgrünes Teegetränk mit dem echten Aroma jedes Nesselblattes.
Mit etwas Apfelsaft gespritzt und kalt getrunken schmeckt dieser Tee als Erfrischungsgetränk im Sommer köstlich!

Sommerliches Erfrischungsgetränk

Zubereitung Die Zutaten mischen und kalt stellen. Dieses Getränk schmeckt sehr erfrischend! Die im Brottrunk enthaltenen Milchsäurebakterien unterstützen die Darmflora. (Der Brottrunk ist erhältlich in Naturkostfachgeschäften, Reformhäusern und Drogeriemärkten).

♦ ZUTATEN ♦

Zu gleichen Teilen
Brennnesseltee aus frischen oder getrockneten Blättern
Brottrunk (saures Gärgetränk aus Getreide mit Milchsäurebakterien)
Apfelsaft

Durstlöschertee

Zubereitung 3 TL der Mischung mit 1/2 l kochendem Wasser aufbrühen, ca. 5–8 Minuten ziehen lassen, abseihen und mit Apfelsaft süßen.
Diese Kräutermischung wirkt sehr anregend.
Tipp Das Teegetränk in eine Glaskaraffe füllen, mit Zitronenscheiben und einem Zweiglein frischer Pfefferminze garnieren. Überempfindliche Menschen und Kinder sollten wegen der anregenden Wirkung der Minze diesen Tee nicht nach 16 Uhr trinken.

♦ ZUTATEN ♦

1 Teil junge, frische Brennnesselblätter
1 Teil Pfefferminzblätter, frisch oder getrocknet

Brennnesseltee mit Zitronenmelisse

Zubereitung 2 TL der Kräutermischung mit 1/2 l kochendem Wasser aufbrühen, ca. 8 Minuten ziehen lassen, abseihen. Der Tee reguliert den Blutdruck und stärkt die Nerven. Das Johanniskraut wirkt stimmungsaufhellend.

♦ ZUTATEN ♦

50 g Brennnesselkraut
50 g Zitronenmelisse
Variante: zusätzlich
50 g Johanniskraut

BRAUCHT DIE SCHÖPFUNG EINE NACHBESSERUNG?

In früheren Generationen glaubten die Menschen an die Wirkung der Heilpflanzen. In der modernen und technisierten Zeit werden immer mehr Wirkstoffe analysiert, isoliert und standardisiert. Dazu werden ursprünglich botanisch reine Sorten miteinander gekreuzt und ich bin mir oft nicht sicher, ob diese Pflanzen nicht »gekreuzigt« werden. So hat man zum Beispiel für die industrielle Nutzung spezielle Minzarten mit extrem hohen Mentholgehalt entwickelt. Bei diesen »zweckmäßigen« Minzsorten ist unerforscht, ob der ganzheitliche Wirkstoffcharakter der Heilpflanze erhalten bleibt.
Die einfache Brennnessel dagegen konnte bisher noch nicht gekreuzt werden.

♦ ZUTATEN ♦

1 TL Rosmarinnadeln
1 TL Brennnesselkraut oder
1 TL Brennnesselsamen, gemahlen

Morgenmuffeltee

Zubereitung Die Mischung mit 1/2 l kochendem Wasser aufbrühen. Nach 6 Minuten ist der Geschmack mild und krautig, lässt man sie 10 Minuten ziehen, schmeckt der Tee harzig und wirkt stark anregend.
Je nach Geschmack mit Honig oder Reismalz (makrobiotisches Lebensmittel, in Naturkost- oder Asienläden erhältlich) süßen. Rosmarinnadeln enthalten ein Tonikum für Gefäße und Nerven.

Dieses Teegetränk – ein Langzeitenergiespender (Depotwirkung) – ist blutdrucksteigernd und kann auch als Kaffeeersatz getrunken werden.

Kräutertee mit Mistel

Zubereitung Misteltee 3 TL Mistelblätter mit 3 Tassen kaltem Wasser ansetzen und nach ca. 8 Stunden filtern. (Den Misteltee am besten abends ansetzen.) Für Misteltee ist der Kaltauszug die geeignete Zubereitungsart.

Zubereitung Kräutertee mit Mistel Morgens 3 TL der Kräutermischung mit 1/2 l kochendem Wasser aufbrühen und 5–8 Minuten ziehen lassen. Den gefilterten Misteltee mit dem durchgesiebten, warmen Teegetränk vermischen und davon täglich 3 Tassen warm trinken.
Dieser Tee wirkt herzstärkend.

♦ ZUTATEN ♦

30 g Brennnesselblätter
30 g Schafgarbe
30 g Rosmarin
30 g Weißdorn
Für den Misteltee:
30 g Mistelblätter

Familien-Kräutertee

Zubereitung 4 TL der Mischung aus den Beerenblättern, der Brennnessel und den Lindenblüten mit 1 l kochendem Wasser aufbrühen, ca. 8–10 Minuten ziehen lassen und abseihen.

Variante Wenn Sie die Kräutermischung morgens trinken, fügen Sie 50 g Pfefferminzblätter hinzu, wollen Sie den Tee abends trinken, geben Sie 50 g Zitronenmelisse dazu.

♦ ZUTATEN ♦

50 g Brombeerblätter
25 g Walderdbeerblätter
25 g Himbeerblätter
25 g Brennnesselblätter
25 g Lindenblüten

Familien-Kräutertee mit Wildfrüchten

Zubereitung 5 TL der Mischung mit 1 l kochendem Wasser aufbrühen, 8 Minuten ziehen lassen, abseihen.
Zum Süßen am besten einen milden Honig oder Fruchtdicksäfte verwenden.

Tipp Die verschiedenen Bestandteile einer Teemischung können sich »entmischen«, d.h., die schweren Teile fallen im Glas nach unten, z.B. Samen. Schütten Sie diese Teemischungen von Zeit zu Zeit in eine Schüssel und mischen Sie die Kräuterteile gut durch.

♦ ZUTATEN ♦

Zu gleichen Teilen
Brennnesselblätter
Brombeerblätter
Walderdbeerblätter
Hagebutten
Schlehenfrüchte
Ringelblumenblüten
Malvenblüten (Hibiskus) zur Geschmacksverbesserung

Tees bei Verdauungsbeschwerden

Reizungen des Verdauungstrakts, Bauchschmerzen, Sodbrennen oder leichte Übelkeit sind oftmals durch Stress und Fehlernährung bedingt. Meist genügt eine Umstimmung mit der Brennnessel, um sich besser zu fühlen.

♦ ZUTATEN ♦

50 g Brennnesselblätter
50 g Kamillenblüten
50 g Schafgarbenblüten
50 g Johanniskraut
50 g Zitronenmelisse

Magentee

Zubereitung 3 TL dieser Mischung mit 1/2 l kochendem Wasser aufbrühen, 8 Minuten ziehen lassen und dann abseihen.
Täglich 3 Tassen warm trinken.
Diese Teemischung soll Menschen helfen, die dazu neigen, ihre Probleme so lange in sich »hineinzufressen«, bis sich die Anspannung durch eine Magenschleimhautentzündung bemerkbar macht.
Zwischendurch kann man sich auch nur aus Johanniskraut einen Tee aufbrühen; das wirkt stimmungsaufhellend und beruhigt die Magennerven.

♦ ZUTATEN ♦

2 EL Thymian
2 EL Rosmarinnadeln
2 EL Brennnesselkraut
2 EL (Pfeffer-)Minze
2 EL Anis- oder Fenchelsamen, pulverisiert
3 EL Zitronenverbena

Verdauungstee

Aus dieser Mischung entnehmen Sie eine Menge, die Sie mit Daumen, Zeigefinger und Mittelfinger greifen können (ca. 1 TL)*.
Zerreiben Sie die Heilpflanzen zwischen den Handflächen und brühen Sie diese mit 1 großen Tasse kochendem Wasser auf, lassen Sie alles ca. 8 Minuten ziehen und seihen sie dann ab.
Dieser Tee ist sehr bekömmlich nach einer üppigen Mahlzeit.
Da die Maßangabe von 1 Teelöffel (1 TL) sowohl für das Kleinkind gilt als auch für den Erwachsenen, sollte man bei milden Heilpflanzentees den standardisierten Teelöffel durch den »Fingerteelöffel« ersetzen.

(* Dieses Maß ist Ihr persönlicher Fingerteelöffel.)

Tees für den Stoffwechsel

Leber- und Gallentee

Zubereitung 2–3 TL der Mischung mit 1/2 l kochendem Wasser aufbrühen, 6–8 Minuten ziehen lassen und abseihen. Dieser Tee regt den Stoffwechsel an.

Blasen- und Nierentee

3 TL der Mischung mit 1/2 l kochendem Wasser aufbrühen, ca. 10 Minuten ziehen lassen und abseihen.
Die beiden Teemischungen sollten über längere Zeit abwechselnd getrunken werden (täglich 3 Tassen warm). Sie können auf diese Art langwierige chemisch-pharmazeutisch notwendige Therapiemaßnahmen bei den verschiedensten Blasen- oder Nierenerkrankungen wirkungsvoll unterstützen.
Trotzdem muss unbedingt eine Harnuntersuchung vorgenommen werden!

♦ ZUTATEN ♦

20 g Löwenzahnwurzel, pulverisiert
30 g Löwenzahnblätter
20 g Ringelblumenblüten
20 g Johanniskraut
10 g Odermennig
20 g Schafgarbenkraut
10 g Mariendistelsamen, gestoßen

♦ ZUTATEN ♦

50 g Brennnesselblätter
30 g Goldrute (Solidago virg.)
20 g Bohnenschalen
20 g Ackerschachtelhalm (Zinnkraut)
20 g Birkenblätter
20 g Ringelblumenblüten
30 g Taubnessel

oder:
50 g Brennnesselblätter
30 g Goldrute
20 g Schafgarbenblüten
20 g Ackerschachtelhalm (Zinnkraut)
20 g Birkenblätter
30 g Zitronenmelisse

Für Ihren selbst zubereiteten Tee sollten Sie die besten Zutaten wählen.

♦ ZUTATEN ♦

20 g Brennnesselwurzeln (pulverisiert)
20 g Birkenblätter
20 g Bohnenschalen
20 g Löwenzahnblätter
20 g Ackerschachtelhalm (Zinnkraut)

Teemischung für die Prostata (Vorsteherdrüse)

Zubereitung 6 TL dieser Mischung mit 1 l kochendem Wasser aufbrühen, 10 Minuten ziehen lassen, abseihen und in eine Thermoskanne füllen. Von diesem Tee können Sie täglich bis zu 5 Tassen trinken. Er stärkt die Funktion von Blase und Prostata.
Anwendungsdauer 6 Wochen.

Die Brennnessel in der Homöopathie

Die Homöopathie ist eine Reiz- und Regulationstherapie, die sich genau nach den ganz persönlichen, individuellen Beschwerden des Kranken richtet. Bei lange bestehenden, chronischen Beschwerden hat sich die Krankheit im Organismus eingenistet. Alle Versuche des Kranken, sie loszuwerden, sind gescheitert, die Abwehrkräfte sind verbraucht, und der Organismus kann sich nicht mehr gegen die chronische Krankheit wehren. Von Zeit zu Zeit treten vermehrte Schmerzen oder veränderte Beschwerden auf, die aber ebenso wie die Grundkrankheit im Organismus bestehen bleiben.

In jüngster Zeit ergänzen Naturheilmittel immer häufiger schulmedizinische Behandlungen.

SCHULMEDIZIN UND NATURHEILKUNDE

Die **Schulmedizin** verwendet vorzugsweise synthetische Substanzen, um die Krankheit mit einem entgegengesetzt wirkenden Mittel zu behandeln. Diese die Symptome bekämpfende Praxis heißt **Allopathie**.
Die **Naturheilkunde** oder biologische Medizin arbeitet überwiegend mit Heilsubstanzen, die aus natürlichen Stoffen gewonnen werden.
Bei der **Homöopathie** wird **Gleiches** mit **Gleichem** geheilt: es werden natürliche Wirkstoffe in hoher Verdünnung (Potenzierung) individuell für den einzelnen Patienten ausgewählt.

Die Homöopathen geben solchen Kranken nun ein Arzneimittel, das zum Beschwerdebild des einzelnen Kranken passt. Durch die Ähnlichkeit des homöopathischen Medikaments zum Krankheitsbild wird der Organismus gereizt und angeregt, als Reaktion die Krankheit erneut anzugreifen. Abwehrkräfte werden aufgebaut und gestärkt, was zur Folge hat, dass die Krankheitszeichen nach und nach verschwinden und die Krankheit überwunden werden kann.

Die homöopathische Anwendung der Brennnessel

Der Grundsatz, der dem Heilverfahren der Homöopathie zugrunde liegt: »Ähnliches heilt Ähnliches«, den vor etwa 200 Jahren der deutsche Arzt Samuel Hahnemann aufgestellt hat, bestimmt auch den Einsatz der Brennnessel als Heilmittel. Sie wird in der Homöopathie verwendet zur Behandlung von:

- Verbrennungen und Verbrühungen
- Nesselsuchtartigen Hautausschlägen
- Beschwerden der Harnorgane
- Gicht und Rhouma
- Mangelnder Milchsekretion

Bei akuten Beschwerden können durch entsprechende homöopathische Mittel Entzündungen abgekürzt und Heilungsprozesse beschleunigt werden.

Die Anwendung der Brennnessel als Naturheilmittel

Die meisten Menschen wünschen sich eine nebenwirkungsfreie, natürliche Behandlung; doch oft fehlt die Zeit für die aufwendigere homöopathische Ausheilung, oder chronische Erkrankungen erfordern das regelmäßige Einnehmen schulmedizinischer Medikamente. Unter diesen Umständen kann zusätzlich auf natürliche Heilmittel zurückgegriffen werden. Die auf ihre Wirksamkeit geprüften Naturheilmittel aus der Großen und Kleinen Brennnessel erhalten Sie am besten in Ihrer Apotheke – z.B. bei Rheuma-, Blasen-, Nieren- und Prostatabeschwerden, bci Hauterkrankungen, Verbrennungen und Allergien sowie bei klimakterischen Beschwerden.

Frauenheilkunde

Für die Linderung von Frauenbeschwerden liefert die Brennnessel wertvolle Hilfe.

Die Naturheilkunde wird bei Frauen immer beliebter. Medikamente pflanzlicher Herkunft finden vermehrt Anwendung, zumal in den letzten Jahren auch der wissenschaftliche Nachweis ihrer Wirksamkeit erbracht worden ist. Weil viele Heilpflanzen hormonähnliche Wirkstoffe, Phytohormone genannt, enthalten, sind sie besonders auch in der Frauenheilkunde wirksam.

Die Brennnessel in der Frauenheilkunde

Ein Anwendungsbereich der Brennnessel in der Frauenheilkunde erstreckt sich auf die Beschwerden, die durch das so genannte prämenstruelle Syndrom (PMS) verursacht werden. Unter diesem Begriff werden körperliche Störungen verschiedener Art zusammengefasst, die etwa eine Woche vor Beginn der Menstruation auftreten und meistens wieder verschwinden, wenn die Monatsblutung anfängt. Diese Beschwerden werden durch ein Ungleichgewicht der Hormone Östrogen und Progesteron verursacht.

Frauen verlassen sich zunehmend auf ihre innere Stimme und vertrauen deshalb gern alten Rezepturen, die ihrem Körper gut tun.

Beschwerden während des prämenstruellen Syndroms

Körperliche Beschwerden

- Stauungs- und Anspannungsgefühl im Bauch- und Oberschenkelbereich
- Ein- oder beidseitige Spannungsgefühle in der Brust
- Abgeschlagenheit und Kopfschmerzen

Seelische Beschwerden

- Müdigkeit
- Gereiztheit
- Gemütsschwankungen
- Depressive Stimmungen

Was können Sie gegen die Beschwerden tun?

Es wird empfohlen, in dem Zeitraum, in dem diese Beschwerden auftreten, täglich 3 Tassen einer anregenden Brennnesselteemischung zu sich zu nehmen. Geeignet ist der Frauentee (siehe Seite 54) oder der Morgenmuffeltee (siehe Seite 42). Ergänzend kann man täglich 1–3 Msp zerstoßene Brennnesselsamen einnehmen oder eine Brennnesselgewürzmischung verwenden.

Brennnesselsamen – anregend und aufbauend

Es wurde wissenschaftlich nachgewiesen, dass im Brennnesselsamen anregende, stärkende und regenerierende Wirkstoffe, so genannte Biostimulantien, enthalten sind. Diese hat der römische Dichter Ovid bereits vor 2000 Jahren in seiner »Liebeskunst« beschrieben. Sein Rezept für einen Liebestrunk besteht aus einer Mischung mit folgenden Zutaten:

- Eidotter
- Brennnesselsamen
- Pfeffer
- Zwiebeln
- Knoblauch

Inhaltsstoffe des Samens

Die reifen Brennnesselsamen enthalten ein grün-gelbliches Öl, das einen hohen Gehalt an Bestandteilen des Vitamins E (Tokopherol) aufweist. Dieses Vitamin soll vorzeitige Alterungsprozesse verzögern.

Die Brennnesselsamen kann man bei allgemeiner körperlicher Schwäche in jedem Lebensalter verwenden.

Wichtig: Während der Kur reichlich trinken! Mindestens 2–3 l eines stillen Mineralwassers oder ungesüßten Kräuter- oder Früchtetee.

Die Samen selbst sammeln

Brennnesselsamen werden selten in Kräuterläden, Naturfachgeschäften, Reformhäusern oder Apotheken verkauft (siehe Bezugsquellenverzeichnis auf Seite 85), daher sollte man die Samen selbst sammeln; am besten in der Zeit von August bis Oktober.

Streifen Sie die Samen mit Handschuhen von der Brennnessel in eine Papiertüte ab und legen Sie sie zu Hause zum Trocknen aus. Bewahren Sie die Samen in luftdicht verschlossenen Schraubgläsern auf (eventuell mit Beschriftung).

Anregende Wirkung

Die ölhaltigen Samen der Brennnessel regen Magen, Bauchspeicheldrüse und Beckenorgane an.

In den dreißiger Jahren griff der Chemiker Dr. Grandel die fast vergessene Erkenntnis über die stimulierende Wirkung des Brennnesselsamens auf und entwickelte ein Brennnessel-Vitaltonikum. Dieses pflanzliche Arzneimittel bietet eine praktische Alternative zur arbeitsintensiveren Herstellung von Brennnesselsamentee oder -gewürzen. Es ist in Reformhäusern und Apotheken erhältlich.

Dem Brennnessel-Vitaltonikum werden die drei folgenden Wirkungen zugesprochen:

- Es kräftigt bei Schwächezuständen.
- Es unterstützt die Regeneration nach überstandenen Krankheiten.
- Es wirkt ausgleichend bei Stress, Abgespanntheit, Unruhe.

Wirkung von Blättern und Samen der Brennnessel

Volksheilkundlich wird den Blättern und Samen der Brennnessel ein aktivierender Einfluss auf Magen, Bauchspeicheldrüse, Galle sowie die so genannten kleinen Organe des Beckens: Mastdarm, Harnbereich und Geschlechtsorgane, zugesprochen.

Im Spätsommer, wenn Sie die Brennnesselsamen ernten, hat sich der Brennreiz der Blätter bereits abgemildert. Wer fest zupackt, kann sogar mit bloßen Händen sammeln.

Die Wechseljahre

Die hormonellen Umstellungen während der Wechseljahre machen vielen Frauen körperliche und auch seelische Probleme. Welcher Arzt erklärt einer Frau, dass die Zeit der Wechseljahre, trotz aller Beschwerden, auch bedeuten kann, die nicht mehr vorhandene körperliche Fruchtbarkeit in eine geistige umzuwandeln?

Der hohe Stellenwert der Jugendlichkeit in unserer Gesellschaft verursacht bei vielen Frauen um die 40 seelische und körperliche Anspannungen. Die ersten Zeichen des Alters, die langsam beginnende hormonelle Umstellung des Körpers und die damit verbundenen Beschwerden können zu Verkrampfungen führen. Die Angst, den Anforderungen des täglichen Lebens nicht mehr gewachsen zu sein, wächst. Auch extreme Stimmungsschwankungen, die nicht selten Depressionen zur Folge haben, gehören bei vielen Frauen zu den unangenehmen Begleiterscheinungen während dieser Zeit.

Maßnahmen bei Beschwerden in den Wechseljahren

Alle diese Symptome zeigen, dass es für Frauen in den Wechseljahren ganz besonders wichtig ist, den Körper mit Östrogenen zu unterstützen. Dabei helfen die Wirkstoffe, die im Brennnesselsamen enthalten sind.

Es wird folgende Anwendung empfohlen: Über 4 Wochen (Monatszyklus) täglich 1 TL gestoßenen Brennnesselsamen einnehmen. Der gemahlene oder zerstoßene Samen kann auf

Butterbrote, in Gemüsegerichte und Suppen gestreut, aber auch als Tee zubereitet werden.

Tees für Beschwerden in den Wechseljahren

Besonders lästig äußert sich das Klimakterium durch plötzlich auftretende starke Schweißausbrüche, besonders in geschlossenen Räumen und während des Schlafens. Frauen, die unter unangenehmen Hitzeanfällen leiden, sollten sich folgende Teemischung zubereiten:

♦ ZUTATEN ♦

50 g Brennnesselkraut
50 g Brennnessel-samen
50 g Salbeiblätter
30 g Zitronenmelisse

Tee gegen »fliegende Hitze«

Zubereitung 1 TL der Teemischung mit 1 Tasse kochendem Wasser aufbrühen, ca. 7 Minuten ziehen lassen, abseihen und nach dem Abkühlen trinken.
Wenn die Schweißausbrüche stark und unangenehm sind, kann der Anteil an Salbei auf bis zu 100 g erhöht werden.
Trinken Sie vom reinen Salbeitee nur 1 Tasse täglich und höchstens über einen Zeitraum von 3 Wochen!

Blasenschwäche oder Inkontinenz

Die unwillkürliche Harnentleerung ist ein recht störender, meist geringfügiger Urinabgang, der durch eine Blasenmuskelschwäche verursacht wird. Diese für Betroffene sehr unangenehme und belastende Störung tritt häufig während der Wechseljahre auf.

Bei Blasenschwäche handelt es sich um mangelnde Dynamik des Blasenschließmuskels, der schon bei geringer Füllung des Hohlorgans den Harn durchlässt.

Bei Inkontinenz kann eine Hormonkur mit Brennnesselsamen günstig sein, denn wissenschaftliche Forschungen haben bewiesen, dass die Wirkstoffe des Brennnesselsamens den weiblichen Hormonhaushalt positiv beeinflussen.

Da Blasenschwäche häufig in Zusammenhang mit Überlastung und innerem Druck steht, hilft Brennnesselsamentee.

Empfohlene Therapie bei Inkontinenz

3-mal täglich 1–3 TL Brennnesselsamen als Tee (mit Apfelsaft) oder Brennnesseltonikum
Dauer der Anwendung: 4 Wochen (mehrmals wiederholen)

Pflanzliche Östrogene im Brennnesselsamen

Diese Inhaltsstoffe
- Fördern den Aufbau der Harnröhrenschleimhaut
- Verhindern Trockenheit und Reizung der Schleimhäute
- Erhöhen die Spannung des Blasenschließmuskels

Rezepte für Frauentees

Frauentee – stabilisiert die Psyche

Zubereitung 2–3 TL der Kräutermischung mit 1/2 l kochendem Wasser überbrühen, ca. 8 Minuten ziehen lassen, abseihen. Der Tee schmeckt krautig herb.

♦ ZUTATEN ♦

30 g Schafgarbenblüten
30 g Quendel (Feldthymian), unzerkleinert

30 g Brennnesselsamen
20 g Zitronenmelisse

Mit dieser Teemischung können hormonell bedingte Unruhezustände ausgeglichen und die Psyche stabilisiert werden. Er hilft auch bei prämenstruellen Beschwerden.

♦ ZUTATEN ♦

30 g Brennnesselkraut
20 g Brennnesselsamen
20 g Schafgarbe
30 g Frauenmantel
30 g weißes Taubnesselkraut

Auf jeden Fall von einem Facharzt die Ursache von Ausfluss abklären lassen!

Antibakterieller Frauentee

Zubereitung 3 TL der Mischung mit 1/2 l kochendem Wasser aufbrühen, 5–8 Minuten ziehen lassen und abseihen.
Den Tee (ca. 3 Tassen) während des Tages warm trinken.
Er wirkt antibakteriell bei Scheidenausfluss.

Diese Mischung ist auch als Sud für Sitzbäder und Scheidenspülungen geeignet:
Zubereitung 2 Hände voll der gemischten Kräuter mit 1 l kochendem Wasser aufbrühen, 10–15 Minuten ziehen lassen, im Sieb ausdrücken (die Farbe sollte intensiv grünbraun sein), abseihen.

♦ ZUTATEN ♦

je ca. 30 g
Himbeerblätter
Ringelblumenblüten
Frauenmantelkraut
Brennnesselblätter
Schafgarbenblüten
Hirtentäschel

Frauentee bei zu starker Menstruation (Regelblutung)

Zubereitung 2 TL der Kräuter mit einer großen Tasse kochendem Wasser aufbrühen, 8 Minuten ziehen lassen, im Sieb ausdrücken und abseihen. Während der Regel 3–5 Tage lang täglich 1–2 Tassen trinken. Die Teemischung wirkt krampflösend und blutstillend.

Auf genügend Eisenzufuhr achten!

Frauen im gebärfähigen Alter sollten ausreichend Eisen mit der Nahrung aufnehmen. Dazu ist, neben der Brennnessel, ein asiatischer Tee geeignet: der Dreijahrestee, auch Kukichatee oder Zweigtee vom Teestrauch genannt. Dieser schwarze Tee enthält kaum Teein, wirkt aber trotzdem anregend und eisenbildend. Er ist in Naturkostläden erhältlich.

Brennnesselsamentee pur

Zubereitung 3 TL gemahlenen Brennnesselsamen mit 1/2 l kochendem Wasser aufbrühen, ca. 8–10 Minuten ziehen lassen und den schleimhaltigen Tee abseihen. Dazu entweder Baumwollfilter oder Teehandpresskanne benutzen. Auf Wunsch können Sie den Tee mit Honig süßen. 3 Wochen lang 3-mal täglich 1 Tasse vor den Mahlzeiten trinken.

Tipp Die günstigsten Zeiten für die Brennnesselsamentee-Kur sind Frühjahr und Herbst. Sie können diese Kur völlig unbedenklich auch zweimal im Jahr durchführen.

Milchbildender Tee: Variation I – gekocht

♦ ZUTATEN ♦

Je 50 g
Anis
Fenchel
Kümmel
Dillsamen
Koriandersamen
30 g Brennnesselsamen

Zubereitung 2 TL auf 1/2 l Wasser zum Kochen bringen und ca. 5 Minuten köcheln lassen, abseihen.

Variation II – aufgebrüht

♦ ZUTATEN ♦

Je 30 g
Zitronenmelisse
Brennnesselkraut
bitteres Kreuzblümchen (Polygala amara)

Zubereitung 2 TL mit 1/2 l kochendem Wasser aufbrühen und ca. 5 Minuten ziehen lassen, abseihen.

Die Teemischungen I und II heiß zusammengießen und während der Stillzeit täglich 3–5 Tassen trinken.

Sollte Ihnen die doppelte Zubereitung zu umständlich sein, müssen Sie die Samen-Tee-Mischung der Variante I vor der Zubereitung zermahlen (z.B. in der Kaffeemühle). Dann können Sie beide Teemischungen zusammen mit kochendem Wasser aufbrühen.

Die Brennnessel in der Naturküche

Für Brennnesselgerichte sammelt man die Pflanze, bevor sie zu blühen beginnt.

Über Jahrhunderte haben die Menschen überall auf der Erde nach essbaren Kräutern und Wildgemüsen gesucht. Da Wildkräuter reich an Mineralien sind, wurden sie als Medizin genutzt. Ihr Wert für die Gesundheit ist bis heute unbestritten. Bereichern Sie Ihren Speiseplan um einige Brennnesselgerichte. Wenn auch der Geschmack dieser Pflanze anfangs gewöhnungsbedürftig ist, probieren Sie's aus!

Kochen mit der Brennnessel

Wer in der Küche viele Zutaten aus der Natur einsetzt, kocht sehr gefühlsmäßig. Oft entwickeln sich die Rezepte von Naturköchinnen daraus, was sie beim Sammeln gefunden haben. Niemals kämen sie z.B. auf die Idee, die Zutaten genau abzuwiegen – für die notwendigen Mengen ergeben sich im Lauf der Zeit Erfahrungswerte. Weil der Geschmack von Wildkräutern je nach Sonnenscheindauer, Jahreszeit und Standort unterschiedlich ist, kann man schwer genaue Mengen nennen. Die Angaben im Rezeptteil sind daher nur Richtwerte.

Gerichte mit Brennnesseln und Wildkräutern

Die folgenden erprobten Rezepte können Sie ohne Vorkenntnisse nachkochen und die Zutaten beliebig variieren. An das Aroma von Wildkräutern müssen sich unsere Zungen erst gewöhnen. Mit wachsender Erfahrung in der Naturküche schmeckt die Brennnessel zart und samtig.

Suppen

Brennnesselsuppe

Zubereitung Die Brennnesselblätter hacken und beiseite stellen. Dann die Zwiebel in Halbmonde, die gelbe Rübe in Stifte schneiden und in Öl leicht anbraten. Die Instantbrühe im Wasser auflösen und zu dem Gemüse gießen. Alles fast weich kochen und zum Schluss die gehackten Brennnesselblätter kurz mitkochen lassen.
Mit dem Kerbel garnieren.
Variante Statt Instantgemüsebrühe 1 TL Sojasauce oder 2 TL Sojapaste (z.B. Gerstenmiso – in Naturkostgeschäften erhältlich) nehmen.
Diese Suppe wirkt blutreinigend.

♦ ZUTATEN ♦

1 Zwiebel
1 Gelbe Rübe
3 Tassen Wasser
1 TL Instantgemüsebrühe
4 Tassen Brennnesselblätter
1 EL frischen Kerbel

Legierte Brennnesselsuppe

Zubereitung Die Brennnesseltriebe gut waschen und etwa 10 Minuten kochen lassen, dann abseihen. Den Sud zur Seite stellen, die Brennnesseln passieren oder im Mixer pürieren. Die Zwiebel klein hacken und mit der Petersilie in der Butter glasig dünsten. Das Mehl hinzufügen und eine helle Schwitze machen, langsam die kalte Milch aufgießen und glatt rühren. Nun den Brennnesselsud dazumischen und alles 15 Minuten leicht köcheln lassen. Anschließend die pürierten Brennnesseln dazugeben und nochmals kurz aufkochen. Mit den Gewürzen abschmecken, dann die Suppe vom Herd nehmen. Das Eigelb mit ein wenig Milch verquirlen und zum Binden (Legieren) in die Suppe rühren.
Zum Schluss mit der gehackten Brennnessel garnieren.
Zur Verfeinerung kann man 1 TL saure Sahne oder Crème fraîche auf jeden Teller geben.
Als Suppeneinlage eignen sich geröstete Brotwürfel, etwa Reste von Graubrot in Butter gebraten.

♦ ZUTATEN ♦

6–8 Tassen junge Brennnesseltriebe
3/4 l Salzwasser
1 kleine Zwiebel
1 Bund Petersilie
2 EL Mehl
20 g Butter
3/8 l Milch oder Buttermilch
Salz, Pfeffer, Muskat
1 Eigelb
etwas rohe, fein gehackte Brennnessel zum Garnieren

SO ZERKLEINERN SIE FRISCHE WILDKRÄUTER

Zerkleinern Sie frische Wildkräuter niemals in der Küchenmaschine. Sie dürfen Sie auch nicht pürieren. Besser ist es, wenn Sie die Kräutermasse im Mörser zerreiben, mit dem Wiegemesser fein hacken oder nach dem Kochen durch ein Haarsieb drücken.
Viele Wild- und Gartenkräuter enthalten Gerb- und Bitterstoffe, die durch die Verarbeitung mit der Küchenmaschine freigesetzt werden.

Traumhafte Wildkräutersuppe

♦ ZUTATEN ♦

4–6 Tassen Wildkräuter nach Wahl
1 Zwiebel, fein geschnitten
2–3 Kartoffeln, klein gewürfelt
ca. 1 l Wasser

Zubereitung Die Wildkräuter gründlich unter fließendem Wasser waschen und abtropfen lassen. Etwas Sonnenblumen- oder Sesamöl in einem Topf erwärmen und 2/3 der Wildkräuter mit der Zwiebel und den Kartoffeln andünsten. Mit dem Wasser aufgießen und etwa 15 Minuten köcheln lassen. Zum Schluss die restlichen Wildkräuter dazugeben.
Für diese Suppe können Sie folgende Kräuter verwenden:
In größeren Mengen: Brennnessel, Bärlauch, Brunnen- oder Gartenkresse
In kleineren Mengen: Huflattichblätter, Knoblauchrauke, Beinwellblätter, Löwenzahnblätter, Schafgarbenblätter, Taubnessel, Spitz- und Breitwegerich, Gundelrebe, Beifuß, Gänseblümchenblätter, Vogelmiere, Scharbockskraut, Hirtentäschel, Wiesenschaumkraut, Wiesenknopf, Giersch.
Zum Abschmecken eignen sich Gewürzsalz, Sojasauce, Muskat, Senf, Meerrettich, saure Sahne, Crème fraîche und frischer gehackter Gartenkerbel.

Variationen
Sie können:
- Die Suppe pürieren
- Die Kartoffelmenge erhöhen
- Zum Schluss 1/2 pürierte Avocado unterziehen

TIPP FÜR KUHMILCH-ALLERGIKER

Statt Sahne, Rahm, Joghurt, Crème fraîche, Dickmilch, Quark und Käse zum Überbacken können Kuhmilch-Allergiker neu entwickelte Sojabohnenprodukte aus gentechnisch freiem Anbau verwenden.

Sojabohnensahne Markenname: Provamel (Soya Cuisine)

Seidentofu flüssig Markenname: Arche/Biogarten

Diese beiden Produkte erhalten Sie in gut sortierten Naturkostfachgeschäften.

Salate

Die Blätter von Wildkräutern sind allgemein herber als jene von Pflanzen, die in der Durchschnittsküche zu Salaten verwendet werden. Wildkräuter schmecken oft etwas bitter, enthalten aber mehr wertvolle Inhaltsstoffe.

Erstaunlich viele Wildpflanzen sind essbar und wohlschmeckend. Dennoch setzt das Sammeln genaue Pflanzenkenntnisse voraus. Oft wachsen an den Standorten der essbaren Wildkräuter auch giftige Pflanzen, z.B. der Aronstab.

Bunter Wildkräutersalat

Zubereitung Das Schwarzbrot in etwas Öl rösten. Aus der Tomate das wässrige Kernfleisch entfernen, würfeln und leicht salzen. Die Eier grob hacken. Dann Salz, Pfeffer, Weinessig und Öl verrühren und mit der Tomate und den gehackten Eiern mischen. Die Wildkräuter dazugeben und durchmischen. Vor dem Servieren mit den gerösteten Brotwürfeln bestreuen.

Verwendbare Wildkräuter Brennnessel, Löwenzahn, Schafgarbe, Spitzwegerich, Bärlauch, Brunnenkresse, Taubnessel, Sauerampfer, Gänseblümchenköpfe.

♦ ZUTATEN ♦

2 Scheiben Schwarzbrot, gewürfelt
1 Tomate, abgezogen
2 hart gekochte Eier
1 TL Senf
je 1 Prise Salz und Pfeffer
2 EL Weinessig
3 EL Öl
250 g junge Wildkräuter

Hirsesalat mit Brennnesseln

♦ ZUTATEN ♦

200 g Goldhirse
1 l Instantgemüsebrühe
20 g Butter
250 g Champignons
etwas Zitronensaft
1–2 EL junge Brennnesseltriebe
3 EL Balsamico-Essig
2 EL Wasser
4 EL kaltgepresstes Sesam- oder Kürbiskernöl
2 TL Brennnesselsenf
1/2 TL Honig
1 Prise Meersalz
2 EL Cashewkerne, gehackt

Zubereitung Die Goldhirse heiß abspülen und in der Brühe ca. 35 Minuten garen. Die Butter erhitzen und die geputzten Champignons darin andünsten und mit Zitronensaft abschmecken. Die Brennnesseltriebe klein schneiden. Aus Essig, Wasser, Öl, Brennnesselsenf, Honig und Salz eine Sauce herstellen, kurz erhitzen und mit den übrigen Zutaten mischen. Dann ca. 20 Minuten ziehen lassen und vor dem Servieren mit den Cashewkernen bestreuen.

Variation Anstatt der Champignons können Sie auch Austernpilze verwenden.

Quark und Käse

Jeder kennt Quark oder Topfen mit Schnittlauch. Versuchen Sie einmal Brennnesselquark, den Sie ohne weiteres auch mit Frischkäse zubereiten können. Wenn Sie Pellkartoffeln dazu mögen, ist Leinöl eine interessante Alternative zu zerlassener Butter.

Frühlingsquark mit Brennnesseln

♦ ZUTATEN ♦

2 Tassen junge Brennnesseltriebe
1 EL Speiseöl
3 Radieschen
250 g Quark
1/8 l Sauerrahm oder Joghurt
1–2 TL Paprika, edelsüß
1–2 TL Kümmel, gemahlen oder Schwarzkümmel

Zubereitung Die Brennnesseltriebe waschen, klein schneiden, salzen und kurz im Öl ziehen lassen. Zwischenzeitlich die Radieschen raspeln und mit dem Quark und dem Sauerrahm vermischen. Mit den Gewürzen abschmecken.
Der Frühlingsquark passt sehr gut zu Frühkartoffeln und aufs Brot.

Variation Mischen Sie den Quark auch einmal mit aromatisch schmeckenden Wild- und frischen Gartenkräutern. Dazu können Sie auch einmal steirisches Kürbiskernöl versuchen. Achten Sie unbedingt darauf, dass es angenehm »nussig« riecht, denn es wird leicht ranzig.

Quark macht stark und mit Brennnessel zubereitet noch stärker.

Brennnesselquark mit frischem Meerrettich

Zubereitung Quark und Sahne schaumig schlagen. Die Brennnesseln, den Meerrettich und den Zitronensaft darunter rühren. Den Apfel gut abwaschen und möglichst mit der Schale sehr fein reiben und sofort unter den Quark mischen. Mit Kräutersalz abschmecken und gut gekühlt servieren.

Dazu passen junge Kartoffeln.

♦ ZUTATEN ♦

3 EL Quark
4 EL Sahne
1 TL Brennnesseln, fein gewiegt
1 TL frischer Meerrettich, fein gerieben
1 TL Zitronensaft
1 mittelgroßer Apfel
1 Prise Kräutersalz

Frischkäse mit Brennnesseln

Zubereitung Die Brennnesselspitzen waschen, fein wiegen, salzen und in etwas Sonnenblumenöl einlegen und kurz ziehen lassen. Die Avocado zerdrücken und mit dem Frischkäse und den Brennnesseln mischen. Mit Salz und Zitronensaft abschmecken.

Dieser Frischkäse ist ein wohlschmeckender Brotaufstrich für kräftiges Schwarzbrot – sofort verzehren.

Variation Statt Salz rotes Kräutersalz verwenden und 1/2 Stange Lauch in feine Ringe schneiden und darüber streuen.

♦ ZUTATEN ♦

1 Tasse junge Brennnesselspitzen
1 TL Sonnenblumenöl
1 Avocado
125 g Frischkäse
1 Prise Salz
1 TL Zitronensaft

AUFBEWAHRUNG FRISCHER BRENNNESSELN

Frisch gesammelte Brennnesseln kann man einige Tage im Kühlschrank aufbewahren. Dazu verteilt man die Pflanzen lagenweise locker auf Küchenkrepp und legt sie anschließend ins Gemüsefach.
Sie dürfen dabei aber nicht braun und fleckig werden.

Gemischte Brennnesselgerichte

Phantasiebegabte experimentieren weiter. Wie wär's mit zartem Brennnesselspinat?

Brennnesselspinat mit Sauerrahm

♦ ZUTATEN ♦

500 g junge Brennnesseltriebe
1/2 l Buttermilch
2–3 EL Butter oder Sonnenblumenöl
1 kleine Zwiebel oder Schalotte, gehackt
1/8 l Sauerrahm
je 1 Prise Salz und Muskat

Zubereitung Die Brennnesseltriebe waschen und etwa 1/2 Stunde in der Buttermilch quellen lassen, danach abtropfen lassen und in etwas Öl dünsten, bis sie zusammenfallen, und anschließend klein hacken.
In der Zwischenzeit in einer Gemüsepfanne die Butter oder das Öl erhitzen und die Zwiebel oder Schalotte darin glasig dünsten. Den Brennnesselspinat dazugeben und mit dem Sauerrahm vermischen. Das Ganze ohne Deckel leicht köcheln lassen, bis der Rahm eingedickt ist (höchstens 5 Minuten).
Mit Salz und Muskat abschmecken.

Variation 250 g Brennnesseltriebe und 250 g Spinat verwenden.

Im Gegensatz zu Spinat hat Brennnessel keine hohen Säuregehalt und ist daher besonders für Gicht-, Rheuma- und Arthritiskranke interessant.

Prärieeier

Zubereitung Wie bei Russischen Eiern! Lösen Sie die gekochten Dotter aus den Eihälften, und vermengen Sie sie dann mit jungen, kleingewiegten Brennnesselblättern und einigen Tropfen Sesamöl oder Majonäse.

Brennnesselgnocchi mit Spinat

Zubereitung Die Brennnesseltriebe und den Spinat in der Butter schmoren, bis fast die gesamte Flüssigkeit verdampft ist. Den Quark dazugeben, verrühren und noch 4 Minuten kochen. Das Ganze in eine Rührschüssel geben, die Eier und den Käse dazumischen. Mit den Gewürzen abschmecken.
In einem großen Topf Salzwasser zum Kochen bringen. Die Hände leicht mit Mehl bestäuben und aus etwa 1 EL der Brennnessel-Spinat-Masse längliche Bällchen formen, vorsichtig in das siedende Wasser geben und in offenem Topf 5–8 Minuten kochen lassen. Die fertigen Gnocchi mit der Schaumkelle herausnehmen, abtropfen lassen und etwas Butter darüber geben.
Variation Die fertigen Gnocchi in eine flache, feuerfeste Form füllen, zerlassene Butter darüber verteilen und mit Reibekäse bestreuen. Bei geringer Hitze überbacken, bis der Käse geschmolzen ist.
Tipp für Allergiker Anstelle der Eier kann man auch etwas Sojamehl mit Wasser verrühren.

♦ ZUTATEN ♦

300 g junge Brennnesseltriebe
500 g Spinat
4 EL Butter
3/4 Tasse Quark
2 Eier
6 EL Mehl
1/4 Tasse Parmesan oder Reibekäse
je 1 Prise Salz, Pfeffer, Muskat

Gebackene Brennnesselblätter im knusprigen Teigmantel

Zubereitung Zuerst die frischen, trockenen, gesäuberten Brennnesselblätter vorsichtig mit einer Nudelwalze walken, leicht salzen (statt Salz kann man auch einige Spritzer Sojasauce verwenden) und ziehen lassen.
Dann den gewünschten Teig zubereiten. Der weitere Ablauf wird jeweils am Schluss der beiden folgenden Teigrezepte beschrieben.
Die gebackenen Brennnesselblätter mit Sesamsamen oder Sonnenblumenkernen bestreuen und mit frischem Blattsalat oder mit pikant angerührtem Quark servieren.

♦ ZUTATEN ♦

Für die Füllung
4 Hand voll frische (ca. 20 Stück) große Brennnesselblätter, trocken und gereinigt

Für den Teigmantel kann man folgende Teige verwenden:
- *Pfannkuchenteig*
- *Palatschinkenteig*
- *Bierteig*

♦ ZUTATEN ♦

Pfannkuchenteig
250 g (Dinkel-)Mehl
1/2 l Milch
3 Eier
1 Prise Salz

Palatschinkenteig
100 g (Dinkel-)Mehl
1/8 l Milch
3 Eier
1 Prise Salz

Pfannkuchen- und Palatschinkenteig

Zubereitung Aus Mehl, Milch und Eiern einen Teig zubereiten und leicht salzen. Zwischenzeitlich etwas Öl in einer Pfanne erhitzen. Dann die Brennnesselblätter kurz in den Teig tauchen und bei mittlerer Hitze goldbraun herausbacken.
Österreichische Palatschinken gießt man dünn in der Pfanne aus. Sie lassen sich ähnlich wie die Teigtaschen (Seite 65) füllen.

♦ ZUTATEN ♦

125 g Mehl
1/4 l Bier
1 Eigelb
1 Prise Salz
1 Prise Muskat
1 TL Speiseöl
1 Eiweiß, geschlagen

Bierteig

Zubereitung Aus Mehl, Bier, Eigelb und Salz einen dickflüssigeren Teig rühren, das Öl dazugießen und vorsichtig das geschlagene Eiweiß unterheben. In diesen Teig die Brennnesselblätter kurz eintauchen und bei mittlerer Hitze goldbraun herausbacken.

Brennnesselblätter im Teigmantel sind ein Gericht für Schlemmer und als Vorspeise eine originelle Überraschung für Gäste.

Brennnesselspätzle

◆ ZUTATEN ◆

500 g frische Brennnesselblätter
500 g feines (Dinkel-)Mehl
3 Eier
50 g Sonnenblumenöl
je 1 Msp Salz und Muskatnuss, gerieben
ca. 1/4 l Milch

Zubereitung Die Brennnesselblätter gut waschen und in wenig Salzwasser dünsten (ca. 5 Minuten), abseihen und fein pürieren. Dann das Mehl, die Eier, Öl, Salz und Muskatnuss in das Püree einrühren. Langsam die Milch nachgießen und darauf achten, dass ein glatter, dickflüssiger Teig entsteht.

Den Teig durch ein grobes Kochsieb oder einen Spätzlehobel portionsweise in kochendes Salzwasser tropfen lassen.

Bei gleichmäßiger mittlerer Kochhitze die Spätzle aufwallen und 10 Minuten ziehen lassen und abseihen.

Gut mit kaltem Wasser abschrecken oder einen Schuss Öl darüber gießen, dann kleben sie nicht zusammen.

Tipp Ältere Brennnesselblätter – an der braunen Färbung und ihrem herb-bitteren Geschmack leicht zu erkennen – sind für magenempfindliche Menschen nicht zum Verzehr geeignet.

Teigtaschen gefüllt mit Brennnessel

◆ ZUTATEN ◆

1 Tasse Weizenmehl
1/4 Tasse Öl
1 Prise Salz
1/4–1/3 Tasse Wasser
10 Tassen frische Brennnesselblätter

Als Dip

1/3 Tasse Sojasauce
1/3 Tasse warmes Wasser
1 EL Ingwer, gerieben
miteinander vermischen

Zubereitung Mehl, Öl, Salz und Wasser mit einer Gabel zu einem Teig verrühren und kalt stellen. Dann die Brennnesselblätter dämpfen und abkühlen lassen. Den Teig ausrollen und mit einer Tasse ausstechen. Die runden Teigstücke mit Brennnesselblättern belegen, Teigrand mit Eiweiß bestreichen, dann zu einem Halbmond überschlagen. Mit einer Gabel den Teig verschließen und einmal durchstechen. In einer Pfanne Öl erhitzen, die Teigtaschen knusprig braun backen und auf Küchenpapier abtropfen lassen.

Tipp Die Sojasauce Tamari schmeckt sehr salzig. Wer's weniger herb mag, nimmt Shoyu, eine Variante mit kürzerer Fermentationszeit, die milder würzt und süßlicher schmeckt.

FÜR GESUNDHEIT UND SCHÖNHEIT

Die Kost des modernen Menschen ist arm an Kieselsäure. Hirse und Brennnessel haben einen hohen Kieselsäuregehalt und wurden schon im Altertum als Gesund- und Schönheitsmittel gepriesen.
Die Kieselsäure ist wichtig für:

- Die Versorgung der Knochen
- Zähne
- Den Bandapparat der Gelenke
- Bandscheiben
- Straffheit der Haut
- Den Zustand der Haare
- Den Härtegrad der Fuß- und Fingernägel

Brennnesselauflauf

♦ ZUTATEN ♦

1 1/2 kg junge Brennnesselspitzen
250 g Brot
40 g Butter
1 Zwiebel, klein gehackt
1 kleine Stange Lauch, in Ringe geschnitten
außerdem
Liebstöckel, Dill, Bohnenkraut und Basilikum, klein gehackt
1 Ei
Salz

Die Brennnesselspitzen gut waschen und in wenig Salzwasser weich kochen, abgießen und durch den Fleischwolf drehen. Das Brot in feine Scheiben schneiden und in Butter anrösten. Das Gemüse und die Kräuter mit den Brennnesseln dazugeben. Zum Schluss das Ei darüber schlagen, alles gut durchrühren und mit Salz abschmecken. Die Masse in eine gefettete Auflaufform füllen und bei mittlerer Hitze etwa 30 Minuten backen. Eventuell vorher einige Butterflöckchen darauf verteilen.

Kräuterstampfkartoffeln mit frischen Brennnesseln

♦ ZUTATEN ♦

1 kg Frühkartoffeln (mehlig)
200 g Butter
1 Tasse frische Brennnesseln, fein gehackt
1/2 Tasse frische Gartenkräuter, grob gestampft
Salz
je 1 Msp Pfeffer und Muskatblüte

Zubereitung Die Kartoffeln gut waschen und mit der Schale kochen. Noch heiß schälen und unter allmählicher Beigabe der Butter, der Brennnesseln und der Gartenkräuter (Kerbel, Pimpinelle, Ysop, Basilikum, Majoran, Thymian u.a.) mit Salz, Pfeffer und Muskat würzen. Dieses Gericht ist stark basenbildend, d.h. es entsäuert das Blut und stärkt dadurch das Immunsystem.

Beilagen

Der traditionsreichen Frankfurter »grie Soß« wird hier eine Schwester an die Seite gestellt, die natürlich Brennnesselblätter als Grünkomponente enthält.

Eine weitere Beilage brauchen Sie nicht selbst herzustellen: Brennnesselsenf erhalten Sie in gut sortierten Bioläden. Sie können aber probeweise Ihre gewohnte Sorte mit gehackten Brennnesseln verfeinern.

Grüne Sauce mit Brennnesseln veredelt

♦ ZUTATEN ♦

10 hart gekochte Eier
1/2 Tasse heller Essig
Salz, Pfeffer
1/2 l Instantgemüsebrühe oder Sauerrahm
2 Tassen Kräuter, sehr fein gehackt
Verwendbare Kräuter: Kerbel, Petersilie, Schnittlauch, Estragon, Liebstöckel, Pimpinelle, Dill, Sauerampfer, Borretsch, Zitronenmelisse und junge Brennnesseltriebe (die Auswahl der Kräuter erfolgt nach Belieben)

Zubereitung Eiweiß und Eigelb trennen. Das Eigelb durch ein Sieb drücken und mit Essig, Salz und Pfeffer und so viel Instantbrühe oder Sauerrahm glatt rühren, dass eine dickflüssige Sauce entsteht. Dann die Kräuter und das klein gehackte Eiweiß darunter mischen und nochmals abschmecken.
Die Grüne Sauce ist eine klassische Beilage zur gekochten Ochsenbrust, sie schmeckt aber auch zu Kochfisch, Kartoffeln, Quark oder Gemüse.

Kräuterbutter mit jungen Brennnesselblättern

♦ ZUTATEN ♦

250 g Butter
2 TL junge Brennnesselblätter

Zubereitung Die Brennnesselblätter fein wiegen, leicht salzen, ca. 10–20 Minuten ruhen lassen und anschließend in die streichfähige Butter einrühren.

Variation Für dieses Rezept können Sie entweder frische Gartenkräuter wie Petersilie, Schnittlauch, Dill, Kerbel, Basilikum, Pimpinelle, Thymian, Majoran, Estragon, Salbei und Ysop oder aromatische Wildkräuter verwenden.
Die Kräuterbutter schmeckt delikat zu Kartoffeln, Nudeln, Fisch- und Fleischgerichten sowie in der vegetarischen Küche.

Tipp Die Kräuterbutter können Sie als Vorrat in kleinen Portionen einfrieren.

Brennnessel-Kräuterhonig

◆ ZUTATEN ◆

1 TL Brennnesselspitzen
1 TL junge Meerrettichblätter
1 TL Gundelrebe
4 TL Spitzwegerich
1 TL junge Fichtentriebe
1 kg Honig

Zubereitung Alle Zutaten waschen, trocknen und ganz klein hacken. Dann mit dem Honig verrühren. Die Mischung ist sofort gebrauchsfertig. Der Brennnessel-Kräuterhonig löst hartknäckigen Husten. Im Bedarfsfall: 3-mal täglich 1 TL vor den Mahlzeiten bis zum Abklingen der Beschwerden einnehmen. Da sich die Kräuter im Lauf der Zeit oben absetzen, sollten Sie möglichst kleine Gläser zum Abfüllen verwenden und auf den Kopf stellen.

Brennnessel-Fladenknäckebrot

◆ ZUTATEN ◆

500 g Getreideschrot (2/3 Gerste, 1/3 Weizen)
100 g Leinsaat oder Sesam
je 1 TL Kümmel, Anis, Fenchel, ganz oder gemahlen
1/2 TL Koriander, gemahlen
1 EL Brennnessel, getrocknet
1 TL Honig
1 EL Nüsse, gehackt (Hasel- oder Walnüsse)
ca. 300–400 ml warmes Wasser

Zum Backen:
Butter
Haferflocken

Zubereitung Alle Zutaten zu einem geschmeidigen Teig kneten, eine Rolle von 5 cm Durchmesser formen und 1–4 Stunden ruhen lassen. Fingerdicke Scheiben abschneiden, dünn ausrollen und auf ein mit Butter bestrichenes und mit großen Haferflocken bestreutes Blech legen.
Bei 200 °C ca. 15 Minuten backen.

Der Fladen eignet sich als Imbiss zum Mitnehmen.

Kräutersalz und Kräuteröl in der Naturküche

Königssalz

In meiner Küche verwende ich Königssalz, ein Steinsalz, auch Krakauer-Salz genannt. Dieses unbelastete Urmeersalz, das aus 5000 Jahre alten Salzgruben in Polen gefördert wird, hat ein besonders ausgewogenes Verhältnis von Mineralien und Spurenelementen.

Mit Brennnesselgewürzsalz können Sie den Natriumchloridgehalt Ihrer Speisen ein wenig verringern.

Kräutersalz selbst gemacht

Zur Herstellung Ihres eigenen Kräutersalzes trocknen Sie die gewünschte Menge an Meer- oder Steinsalz ohne Fettzugabe nach. Bei mäßiger Hitze das Salz in einer Pfanne – am besten aus Steingut – 10–15 Minuten mit einem Holzlöffel vorsichtig bewegen, bis es duftet.

In der Zwischenzeit die getrockneten Kräuter durch ein Haarsieb streichen und alle festen Pflanzenteile aussieben. Dann das Salz und das Kräuterpulver zusammenmischen. Am besten eignet sich dazu eine japanische Tonreibeschale mit Holzstößel (Suribachi), die man in Asiengeschäften und Naturkostläden kaufen kann.

Fertige Basiskräutermischungen

Für die Herstellung von Brennnesselgewürzsalz sind im Handel fertige Kräutermischungen erhältlich. Ich empfehle besonders die Mischungen, die unter dem Markennamen Bioforce in Reformhäusern, Naturkostfachgeschäften und Apotheken erhältlich sind.

Kräutersalzvarianten

- Rot: Paprika, Peperoni, roter Pfeffer pulverisiert
- Weiß: Zwiebel-, Knoblauch-, Pfefferpulver
- Schwarz: gebrochener Schwarzkümmel (nur kurz haltbar)

Kräuteröl selbst gemacht

Bei der Auswahl unserer Speiseöle sollten wir sehr wählerisch sein. Denn hier gilt im Besonderen der Rat des Hippokrates: »Unsere Nahrungsmittel sollen unsere Heilmittel und unsere Heilmittel unsere Nahrungsmittel sein.«

Am besten setzen Sie sich mit einem kaltgepressten Speiseöl Ihrer Wahl ein aromatisches, dekoratives Würzöl an. Frische Bärlauch- und Brennnesselblätter, die sich geschmacklich wunderbar ergänzen, lassen sich hervorragend für ein Kräuteröl verwenden.

Brennnessel-Bärlauch-Würzöl

♦ ZUTATEN ♦

1 Teil frische Bärlauchblätter
1 Teil frische Brennnesselspitzen
Meersalz, ungebleicht
Speiseöl, kaltgepresst (Menge nach Größe des Glases, in dem das Öl angesetzt wird)

Zubereitung Die Kräuter nicht waschen, nur trocken säubern, klein schneiden, mischen und in fingerdicken Lagen in ein helles Glas füllen. Über jede Lage 1/2 TL Meersalz streuen und anschließend mit Öl auffüllen, bis die Blätter bedeckt sind. Diesen Vorgang bis etwa 4 cm unterhalb des Glasrandes wiederholen und mit 2 Fingerbreit Öl abschließen. Mischung einige Tage ziehen lassen.

Wichtig beim Ansatz des Öls

- Zwischen Kräutern und Öl dürfen keine Luftblasen sein, andernfalls entsteht Fäulnis.
- Die Kräuter müssen absolut trocken sein.
- Die Kräuter sollen immer von Öl bedeckt sein, um Schimmelbildung zu verhindern.

Das Brennnessel-Bärlauch-Würzöl kann als Salatöl oder zum Kochen verwendet werden und es passt zu allen Gerichten, die mit reichlich Knoblauch gewürzt werden.

Die Haltbarkeit beträgt ca. 3–4 Monate (bei der Geruchsprobe darf es nicht gasig riechen).

BRENNNESSELÖL

Die Blätter von jungen, frischen Brennnesseln an einem trockenen Tag sammeln, vom Stiel abstreifen und locker in ein Weithalsglas füllen. Dann das Glas mit Distel-, Sonnenblumen- oder Sesamöl auffüllen. Das Öl muss die Pflanzen ganz bedecken.
Die Brennnesselblätter können zusammen mit frischen Kräutern auf Butterbrot oder zu Frischkäse gegessen werden, oder man verwendet sie als Pizzabelag und für Füllungen.
Sie können die Brennnesselblätter aus dem Öl auch pürieren und damit eine Vinaigrette (Weinessig-Kräutersauce) verfeinern.
Das gewonnene Öl können Sie auch sehr gut in der Kosmetik oder als Massageöl verwenden.

Hildegard von Bingen und das Brennnesselöl

Bereits vor 900 Jahren sorgte die Äbtissin Hildegard von Bingen (1098–1179) für eine elementare Weiterentwicklung in der Heilkunde. In ihren beiden bedeutenden Werken: »Causae et Curae« und »Physica« hinterließ sie ihre Lehren über natürliche Gesundheitspflege, die heute aktueller denn je sind. Die Ärztin und Naturforscherin verwendete bereits im Mittelalter Brennnesselöl und wir verdanken ihr folgendes Originalrezept:

»Und wenn ein Mensch, der gegen seinen Willen vergesslich ist, der zerstoße die Brennende Nessel zu Saft und füge etwas Olivenöl hinzu, und wenn er nun schlafen geht, salbe er damit seine Brust und die Schläfen, und dies tue er oft, und die Vergesslichkeit in ihm wird vermindert werden.«

Fertiges Brennnesselöl nach dem Originalrezept der Heiligen Hildegard von Bingen erhalten Sie im Fachhandel (siehe Bezugsregister Seite 85).

Hildegard von Bingen (1098–1179) schrieb zwei bedeutende naturheilkundliche Werke, die »Causae et Curae« und die »Physica«, befasste sich mit der Kosmologie und trat auch als Komponistin hervor.

Die Brennnessel in der Kosmetik

Die Brennnessel macht selbst hergestellte Kosmetika noch wertvoller.

»Wahre Schönheit kommt von innen«, dies hören junge Menschen oft, wenn sie sich mit Hilfe von Kosmetika stundenlang vor dem Spiegel stylen. Den tieferen Sinn dieses Satzes werden sie wohl erst in reiferem Alter erfassen: Ein gesunder und entspannter Mensch hat bereits eine positive Ausstrahlung.

Die Haut – Spiegel der Seele

Die Haut ist unser größtes Organ und an ihr zeigt sich der körperliche und seelische Gesundheitszustand eines Menschen. So ist es nicht verwunderlich, dass die Haut auch »Spiegel der Seele« genannt wird.

Die Haut schützt unseren Körper vor vielen schädlichen Einflüssen, über die Haut atmet und entschlackt der menschliche Organismus. Aber auch die Haut muss sich nach außen schützen. Das tut der so genannte Säureschutzmantel, der vom Hauttalg gemeinsam mit dem Schweiß erzeugt wird. Um diesen wichtigen Schutzmantel gesund zu erhalten, sollten wir ihn pflegen und stärken.

Zuerst lernt man die Brennnessel kennen, wenn man mit nackten Beinen durchs Gestrüpp läuft. Erst spät wird man mit ihrer angenehmen Seite für die Haut bekannt.

Hautpflege mit der Brennnessel

Da niemand den natürlichen Alterungsprozess der Haut und des Bindegewebes aufhalten kann, ist das Ziel von Haut- und Schönheitspflege, ihn zu verzögern. Ob dies gelingt oder nicht, ist jedoch von vielen Faktoren abhängig – Erbanlagen spielen dabei ebenso eine Rolle wie Ess- und Lebensgewohnheiten.

Viele Menschen neigen bei Hautproblemen dazu, ständig neue Mittel und teure Kosmetika auszuprobieren. Durch zu viel oder auch falsche Pflege kann der schützende Säuremantel der Haut irritiert und sogar verändert werden, die natürliche Hautregeneration wird immer mehr eingeschränkt. Und das Ergebnis kann schließlich eine überempfindliche und gereizte Haut sein. In vielen Fällen kann eine Hautpflege mit der Brennnessel oder den aus ihr gewonnenen Extrakten Arzneien oder teure Kosmetikpräparate ersetzen.

Wirkung der Brennnessel auf Haut, Haare und Nägel

- Gerbsäuren: glätten und straffen die Haut.
- Mineralstoffe und Kieselsäure: verleihen dem Stütz- und Bindegewebe der Haut, den Haaren und Nägeln Halt und Festigkeit.
- Enzyme: fördern Stoffwechselvorgänge.
- Vitamine: schützen und nähren die Zellen.
- Pflanzliche Hormone: nähren und polstern das Gewebe.
- Chlorophyll (Blattgrün) reinigt die Haut.

Die Brennnessel als Hautreizmittel

Brennnesselgeist ist sehr gut als Hautreizmittel einzusetzen. Man stellt ihn am besten aus der Kleinen Brennnessel her, weil ihr Gehalt an Nesselgift hoch ist. Brennnesselgeist regt die Durchblutung an, dadurch wird die Haut vermehrt mit Sauerstoff versorgt, was wiederum den Abtransport von Schadstoffen im Gewebe unterstützt.

Histaminähnliche Inhaltsstoffe der Brennnessel wirken durchblutungsfördernd für die Haut, führen aber bei sensiblen Menschen auch zu unerwartet heftigen Reizungen.

So setzen Sie Kräutergeist an

Sie können dazu sowohl frische als auch getrocknete Kräuter verwenden. Für die Blätter und Blüten nehmen Sie 40-prozentigen Alkohol, für die Samen und Wurzeln verwenden Sie 60–70-prozentigen Alkohol (in der Apotheke erhältlich).

Kräuteransätze reifen am besten in der Sonne auf der Fensterbank.

Brennnesselgeist (Brennnesseltinktur) aus jungen Brennnesseln

♦ ZUTATEN ♦

2–3 Hand voll junge Brennnesselblätter (am besten von der Kleinen Brennnessel aus dem Garten)
1 l 40-prozentiger Alkohol

Zubereitung Die Brennnesselblätter trocken säubern, versehrte und braune Blätter entfernen. Anschließend locker in ein helles Weithalsglas einfüllen und mit dem Alkohol übergießen. Diesen Ansatz 4–6 Wochen an der Sonne oder einem warmen Platz (30 °C) stehen lassen. Dann abseihen und in eine dunkle Flasche füllen.

Brennnesselgeist aus getrockneten Brennnesselwurzeln

♦ ZUTATEN ♦

50 g Brennnesselwurzeln, getrocknet und klein geschnitten
1/2 l 60-prozentiger Alkohol

Zubereitung Die getrockneten Brennnesselwurzeln (nicht älter als ein Jahr) in ein helles Weithalsglas einfüllen und mit dem Alkohol übergießen. Diesen Ansatz mindestens 3 Wochen an der Sonne oder einem warmen Platz (30 °C) stehen lassen, abseihen und in eine dunkle Flasche füllen.

Tipp Junge Wurzeln zeigen eine gelbe Rinde, die in violette Spitzen ausläuft.

Anwendung von Brennesselgeist

Äußerlich

- Zum Desinfizieren von Wunden
- Zur Behandlung von Hautunreinheiten
- Zum Einreiben bei Nervenschmerzen (Neuralgien)

Gemischt mit Apfelessig im Verhältnis 1:5 kann man die Brennnesseltinktur folgendermaßen anwenden:

- Bei starker Kopfschuppenbildung und zur Kräftigung des Haarwuchses
- Bei Nesselsucht
- Bei allergischen Hautreaktionen

Reiben Sie die betroffenen Körperstellen mit der Mischung sorgfältig einreiben.

Innerlich

- Zum Ausschwemmen und Entschlacken

Dosierung: 3-mal 10–20 Tropfen täglich auf ein Glas Wasser
Dauer: 3 Wochen

Hauterscheinung Zellulitis

Der medizinische Begriff Zellulitis wird allgemein für gewellte, unstraffe Haut (mit oder ohne Dellen) verwendet. Diese Erkrankung – eine Entzündung des Zellgewebes – ist wohl der größte Feind der Frauen und der profitabelste Freund der Kosmetikbranche.

Auch der Name Orangenhaut wird auf die Zellulitis angewendet. Tatsächlich erweist sie sich als Schreckgespenst, aber eine leichte Neigung zu diesen Hautunebenheiten ist normal.

Zahlreiche Frauen beobachten die Straffheit ihrer Haut wie einen wertvollen Schatz, wissen sie doch, dass sich diese Kostbarkeit der Jugend im Lauf des Lebens verändern wird. Und das ist die Chance der Kosmetikindustrie! Vor allem Frauen sind die Zielgruppe ihrer Werbekampagnen. Um dem vorherrschenden Schönheitsideal nahe zu kommen, werden Cremes, Lotions und Fluids angepriesen.

MÖGLICHE URSACHEN VON ZELLULITIS

Bisher werden falsche Ernährungsgewohnheiten, Bewegungsmangel, hormonelle Einflüsse und der Alterungsprozess für mögliche Ursachen dieser Veränderung des Unterhautfettgewebes angesehen.

Besonders betroffen von Zellulitis sind:

- Beine unterhalb der Knie
- Oberschenkel
- Bauch
- Schultern und Oberarme
- Nacken

So stärken Sie Ihr Bindegewebe

Bei dauerhafter und ausdauernder Anwendung strafft sich die Haut.

Regen Sie mit einer Bürstenmassage Ihr Lymphsystem an. Dabei wird das Unterhautfettgewebe stark durchblutet, Gifte und Schlacken werden ausgeschieden.

Vermischen Sie 50 ml Zellulitis-Massageöl mit 5 ml Brennnesselessenz (siehe Bezugsquellenverzeichnis). Reiben Sie Füße, Unter-, Oberschenkel, Gesäß und Bauch gründlich mit diesem Ölgemisch ein und massieren Sie diese Stellen mit einer Massagebürste aus Naturhaaren.

Badezusätze aus der Brennnessel

Eine Behandlung von Zellulitis ist in jedem Fall sehr schwierig und langwierig. Mit der Brennnessel haben wir aber eine Verbündete, die, besonders als Badezusatz, bestens geeignet ist, unseren Organismus zu stärken.

Sicherlich dient auch ein gezieltes Abbauen von Schlacken im Stoffwechsel dem Strafferwerden des Gewebes. Hierzu wählen Sie einen der bereits zuvor beschriebenen Tees mit der anregenden Wirkung der Brennnessel.

Brennnesselbad

Zubereitung 4 Hände voll frischer Brennnesselpflanzen (ohne Wurzeln) oder 300 g getrocknete Brennnesseln in 2–3 l Wasser zum Kochen bringen und bei kleiner Hitze ca. 15 Minuten köcheln lassen. Anschließend abseihen, gut ausdrücken und den grünen Sud dem Badewasser zufügen. Weniger aufwendig ist eine andere Zubereitungsart: 1 fertiges Brennnesselsäckchen (Bezugsquelle siehe Seite 85) in die trockene Badewanne legen. Darauf sehr heißes Wasser einlaufen lassen, das Säckchen kräftig ausdrücken und an den Wasserhahn hängen.
Zwischendurch immer wieder den Heilpflanzensud aus dem Säckchen ins Badewasser ausdrücken.

Badezusatz zur Förderung der Durchblutung

◆ ZUTATEN ◆

Je 5 Tropfen
Brennnesselessenz
Wacholderöl
Orangenöl
Zypressenöl
Grapefruit- oder Zitronenöl
3 Tropfen Bergamotteöl
(naturreine ätherische Öle – ohne synthetische Beimischungen – verwenden)
2 EL Honig

Alle Zutaten miteinander verrühren und in das Badewasser geben. Nach dem Bad dic Haut mit Zellulitis-Massageöl einreiben und kräftig massieren.

Schönheitsbad

◆ ZUTATEN ◆

1 Becher süße Sahne
5–10 Tropfen Brennnesselöl, ätherisch (Essenz)
5 Tropfen Orangenschalenöl, ätherisch

Die Zutaten füllen Sie in einen Mixbecher und schütteln sie gut durch. Die Mischung rühren Sie mit der Hand ins Badewasser.
Wenn Sie es Königin Kleopatra gleichtun wollen, fügen Sie dem Wasser 2–3 l Buttermilch hinzu.
Dieses Bad macht die Haut samtweich, es wirkt regenerierend, durchblutend und vitalisierend für Körper und Geist.
Danach brauchen Sie nicht kalt zu duschen, das ist unnötig. Damit Sie mit dem Schönheitsbad eine noch bessere Wirkung erzielen, sollten Sie sich anschließend noch mindestens 30 Minuten Ruhe gönnen.

◆ ZUTATEN ◆

je 50 g
Brennnesselkraut
Spitzwegerich
Hirtentäschel
Ringelblumenblüten
Käspappel
(Malvenkraut)
Eichenrinde,
zerkleinert
Tormentillwurzel,
pulverisiert

Sitzbäder oder Körperwaschungen mit Kräutern

Zubereitung 50 g der Teemischung mit 2 l kaltem Wasser ganz langsam zum Sieden bringen, kurz aufköcheln und 10 Minuten ziehen lassen. Täglich warme Sitzbäder bis zu 1 Stunde Dauer damit durchführen.

Hautpflegetee

Tees zur Hautpflege sollten von innen und außen wirken. Man kann sie trinken, aber auch Kompressen damit tränken und auf die Haut legen. Hand- und Fußbäder sind auch wirksam.

◆ ZUTATEN ◆

je 1 Teil
Lavendel
Salbei
Brennnessel
Löwenzahnpulver
Thymian

Tee bei leichten Entzündungen der Haut

Zubereitung Übergießen Sie 2–3 TL der Mischung mit 1/2 l kochendem Wasser. 10 Min. ziehen lassen und abseihen.
Anwendungsdauer 6–8 Wochen abends trinken
Tipp Teekräuter, die schon länger stehen, eignen sich gut als Badezusatz (Sud). Das lindert auch Schmerzen, die durch Hämorriden und Afterentzündung entstehen. Nehmen Sie warme Fußbäder mit Brennnesseln.

Ein warmes Fußbad vertreibt sehr rasch die Alltagsmüdigkeit, denn es zwingt zum Entspannen.

Gesichtsmasken

Man sollte sich einmal wöchentlich eine Gesichtspackung mit der Brennnessel gönnen, denn sie beruhigt, strafft, glättet und heilt die Haut. Nehmen Sie eine möglichst entspannte Lage ein, wenn Sie die Maske aufliegen haben.

So wird's gemacht!

Vor der Anwendung Gesicht, Hals und Dekolleté reinigen. Verteilen Sie die Maske mit einem Spatel gleichmäßig auf diese Körperstellen; Augenpartie und Lippen aussparen. Während die Maske einwirkt, sollten Sie sich hinlegen, die Augen schließen und entspannen.

Nach der vorgeschriebenen Einwirkzeit können Sie diese Mischung mit warmem Wasser oder Pflanzensud abwaschen. Anschließend betupfen Sie Ihr Gesicht leicht mit Blütenwasser – Rose, Lavendel oder Orange – wählen Sie Ihren Lieblingsduft dafür aus!

Maske für jeden Hauttyp

Zubereitung Den Apfel schälen, sehr fein pürieren und mit der Brennnesselessenz und dem Jogurt vermischen. Auftragen und 20–30 Minuten einwirken lassen.
Diese Maske wirkt erfrischend, strafft und beruhigt die Haut.

♦ ZUTATEN ♦

1 kleiner säuerlicher oder unreifer Apfel
5 Tropfen Brennnesselessenz oder 1 TL frischer Brennnesselsaft
1–2 EL Jogurt

Maske für müde Haut

Zubereitung Die Gurke klein raspeln und mit der Brennnesselessenz und dem Quark zu einer streichfähigen Paste verrühren. Auftragen und 20 Minuten einwirken lassen. Erweiterte Poren werden verengt, die Haut erfrischt und gestrafft. Jede der drei Komponenten wirkt für sich.

♦ ZUTATEN ♦

1/2 kleine Gurke
3–5 Tropfen Brennnesselessenz oder 1/2 TL frischer Brennnesselsaft
1–2 EL Quark

Reinigende und straffende Gesichtsmaske

♦ ZUTATEN ♦

2 EL Jogurt
1 Eigelb
5–7 Tropfen Brennnesselöl, ätherisch

Zubereitung Alle Zutaten zu einer Masse von breiiger Beschaffenheit vermischen und auftragen. Nach 20–30 Minuten Einwirkzeit mit Blütenwasser (Hydrolat) abwaschen. Diese Maske kann 1–2-mal wöchentlich angewendet werden.
Sie wirkt stützend auf das Bindegewebe, macht die Gesichtshaut weich und rosig, reinigt, entwässert und strafft die Haut.

Gesichtsmaske bei unreiner Haut und Pickeln

♦ ZUTATEN ♦

10–12 EL Heilerde
1 Tasse frisch gebrühter Brennnesseltee (siehe Seite 40)
5 Tropfen Arnikatinktur

Zubereitung Die Heilerde im Tee auflösen, die Arnikatinktur dazugeben und zu einer streichfähigen Paste verrühren. Auftragen und die Maske 20 Minuten einwirken lassen. Anschließend alles mit kaltem Wasser abwaschen. Diese Maske wirkt wundheilend und straffend.

Die Pflege von Haar und Kopfhaut mit der Brennnessel

Wegen ihrer Wirkstoffe ist die Brennnessel auch als Haarpflegemittel geeignet. Denn der hohe Anteil an B-Vitaminen und Kieselsäure kräftigt die Haare und bringt ihnen Glanz.

Haarpflegeprodukte (nur für dunkle Haare)

Naturkosmetikprodukte, die aus natürlichen Rohstoffen bestehen, sind im Fachhandel erhältlich. Eine komplette Pflegeserie mit der Brennnessel besteht aus:

- Brennnesselshampoo
- Brennnesselspülung
- Brennnessel-Intensiv-Haarpflegekur
- Brennnesselhaarwasser

Brennnesselhaarwasser können Sie selbst herstellen.

Haarwasser aus Brennnesseltinktur

Zubereitung Alle Zutaten in eine Flasche füllen und gut verschütteln.
Täglich in die Kopfhaut einmassieren.

Dieses Haarwasser fördert die Durchblutung der Kopfhaut.

Tipp Shampoos auf der Grundlage von Brennnessel gibt es im Bioladen.

♦ ZUTATEN ♦

60 ml Brennnesseltinktur
20 ml Hamameliswasser
20 ml Ringelblumentinktur

Die lästigen Kopfhautschuppen

Schuppen sind kleine Partikel, die aus abgestorbenen Zellen bestehen, daher hat eigentlich jeder Mensch Schuppen. Eine gesunde Schuppenbildung wird mit der regelmäßigen Haarwäsche beseitigt, eine vermehrte Schuppenbildung dagegen ist häufig schwer abzubauen, weil sie durch eine fette Kopfhaut bedingt ist. Über lange Zeit unbehandelt, kann diese Störung sogar zu Haarausfall führen.

Brennnesselwurzelessig gegen Schuppen

Ein wirksames Mittel zur Behandlung von starker Schuppenbildung ist der Brennnesselwurzelessig, den Sie selbst ansetzen können. Er wird kräftig in die Kopfhaut einmassiert:

- Bei starker Kopfschuppenbildung
- Bei übermäßig fettendem Haar
- Zur Kräftigung des Haarwuchses

MÖGLICHE URSACHEN FÜR ÜBERMÄSSIGE SCHUPPENBILDUNG

- Fehlfunktion der Talgdrüsen
- Hormonelle Störungen
- Fehlernährung – zu viel tierisches Eiweiß
- Stress
- Zu hoher Salz- und Zuckerkonsum
- Zu häufige und aggressive Haarpflege

Haarpflege mit der Brennnessel ist nur für dunkle Typen geeignet. Blonde Typen erhalten durch Kamille seidigen Glanz.

♦ ZUTATEN ♦

50 g Brennnesselwurzeln, getrocknet und klein geschnitten
1/2 l Apfelessig

Ganzkörperwaschungen mit Brennnesselwurzelessig stärken das körpereigene Immunsystem: 2 EL davon täglich ins Waschwasser geben.

Brennnesselwurzelessig selbst machen

Zubereitung Die getrockneten Brennnesselwurzeln (sie sollten nicht älter als ein Jahr sein) in ein helles Weithalsglas einfüllen und mit dem Apfelessig übergießen. Diesen Ansatz mindestens 3 Wochen an der Sonne oder einem warmen Platz (30 °C) stehen lassen. Abseihen und in eine dunkle Flasche füllen.

Anwendung Pur oder mit Wasser verdünnt (1:5) täglich mit einer Pipette auf die Kopfhaut geben und kräftig einmassieren.

Tipp Brennnesselwurzelessig kann auch nach dem Waschen des Kopfhaars als Spülung im Mischungsverhältnis 1:10 mit Wasser angewendet werden.

Augenpflege

Mit dem Augenpflegetee bestreichen Sie sanft die Augenlider, zuerst das obere, dann das untere und zwar von innen nach außen. Danach können Sie mit den Fingerspitzen die Augenränder »beklöppeln«, das hilft ein wenig gegen Fältchen.

Augenpflegetee (innerlich)

Zubereitung 1 TL der Mischung mit 1 Tasse kochenden Wasser überbrühen. 8 Minuten ziehen lassen, danach abseihen.
Anwendung Trinken Sie 3 Wochen täglich bis zu 3 Tassen. Der Augenpflegetee sollte überwiegend zur kosmetischen Anwendung dienen, z. B. als Augenkompressen. Brennnesselsud kann auch vorübergehend Bindehautentzündungen lindern. Grundsätzlich aber gilt: Augenerkrankungen müssen dem Facharzt zur Abklärung vorgestellt werden.

♦ ZUTATEN ♦
Teemischung (innerlich)
50 g Brennnesselblätter
30 g Augentrost
30 g Kornblumenblüten
30 g Fenchelsamen, gemahlen

Teemischung (äußerlich)

Zubereitung 2 TL der Teemischung wie oben auf 1 Tasse kochendes Wasser, 8 Minuten ziehen lassen, abseihen und auf lauwarme Temperatur abkühlen lassen. Augenkompressen (Pads) befeuchten, auf die Augen legen, entspannen und 20 Minuten einwirken lassen. Bei Bedarf zur Pflege von empfindlichen und überreizten Augen.

♦ ZUTATEN ♦
Teemischung (äußerlich)
50 g Brennnesselblätter
30 g Augentrost
30 g Kornblumenblüten
30 g Fenchelsamen, gemahlen

Die Brennnessel in Hausrezepten

Bei selbst hergestellten Kosmetika, Tees und Nahrungsmitteln haben Sie die Möglichkeit, die Rohstoffe besonders sorgfältig auszuwählen. Da Brennnesseln gern in Menschennähe wachsen, sind sie Umweltbelastungen im hohen Maße ausgesetzt. Versuchen Sie einen Standort der Großen Brennnessel zu finden, der Ihnen sicher erscheint – am besten im eigenen Naturgarten. Das Entnehmen von Wildkräutern aus dem Freiland ist ohnehin problematisch.

Ein Tipp zur Zahn- und Mundpflege:
Fügen Sie Ihrem Mundwasser 2 Tropfen Brennnesselessenz (ätherisches Öl) bei.

Die Brennnessel im Hausgarten

Mit Brennnesseljauche und -brühe haben Sie ein probates Mittel zur giftfreien Schädlingsbekämpfung.

Brennnesselsud und Brennnesselbrühe

Auch in der Gartenpflege ist die Brennnessel vielseitig zu verwenden. Regelmäßiges Gießen und Düngen mit Brennnesselsud (Kräuterjauche) oder geruchsfreier Brennnesselbrühe schützt die Pflanzen chemiefrei. Zudem verbessert es dauerhaft die Bodenqualität.

Ein im Verhältnis 1:10 (1 Teil Brennnesseljauche, 10 Teile Gießwasser) verdünnter Sud dient zur Abwehr von Blattläusen und Schadinsekten. Weitere Hinweise finden Sie in der Gartenbroschüre der Abtei Fulda (siehe Seite 86).

Eine geruchsfreie Alternative zur Brennnesseljauche ist die Brennnesselbrühe:

1 kg frisches oder 100–200 g getrocknetes Kraut in (Regen-)Wasser einweichen, anschließend eine halbe Stunde bei geringer Hitze kochen.

Danach einfach abkühlen lassen, durchsieben und sofort zum Gießen nutzen.

Eine Brennnesselstaude im Garten ist eine Arche Noah für seltene Schmetterlingsarten, z. B. für den Kleinen Fuchs, für den Admiral und für das Tagpfauenauge.

VERGORENE BRENNNESSEL

- Ein mittelgroßes Gefäß aus Steingut oder ein Holzfass etwa 10 cm hoch mit Brennnesselzweigen füllen.
- Die eingefüllten Brennnesselblätter (Küchenhandschuhe!) mit Wasser übergießen, so dass das Gefäß nicht ganz voll sind.
- Nach einer Woche wird der »Kaltauszug« gelblich braun und beginnt ähnlich wie Jauche zu stinken – nun ist er fertig!

Bezugsquellen

Biologische Kräuter, Samen, Gewürzmischungen
Wurdies Wurzelparadies Th. Jäkel, Stadlermühle,
92549 Stadlern

Kräuter, Teemischungen, Gewürze, Saft
Herbaria Kräuterparadies, Westerbergstr. 2, 83727 Schliersee

Lebensmittel mit Brennnesseln, asiatische Spezialitäten, Brennnessel-Kosmetik
Biogarten, Liebigstr. 3–5, 4072 Hilden

Brennnesselsamen-Vitaltonikum
Keimdiät Dr. Grandel, Pfladergasse 7, 86150 Augsburg

Brennnesselnaturmittel und Gewürze
Bioforce A. Vogel, Postfach 40, 78441 Konstanz

Ätherische Öle, Essenzen und Kosmetik
Versandhandel H. Rausche, Hollenstedter Str. 29,
21255 Dohren;
La Florina, Auf der Tannenhöhe, 35327 Ulrichstein;
PRIMAVERA LIFE, Am Fichtenholz 5, 87477 Sulzberg

Königssalz und Brennnesselpasteten
Versandhandel Thomas Stärfl, Schönauer Str. 34,
84307Eggenfelden

Hildegard-Medizin, Hildegard-Brennnesselöl
Versandhandel Geissarieder Lädele, Rosenweg 2,
87616 Marktoberdorf
Abtei St. Hildegard, Postfach 1320, 65378 Rüdesheim

Arznei- und Gewürzpflanzen, Brennnessel-Badesäckchen
Blauettikett Bornträger GmbH, 67591 Offstein

Brennnessel-Gartenpräparate
Neudorf GmbH, Postfach 1209, 31857 Emmerthal 1;
SNOEK GmbH, 27356 Rotenburg Mulmshorn

Kräutertrockengeräte (elektrische Darren)
Luba GmbH, Ober-Eschbacher-Str. 37,
61352 Bad Homburg

Biologische Brennnesselkräuter, Teemischungen und Naturkosmetik finden Sie in Naturkostläden, Apotheken und Reformhäusern.

Über die Autorin
Renate Spannagel ist Dozentin für Kräuterkunde. Schon vor Jahrzehnten begann sie, das alte Wissen um Kräuter und Heilpflanzen zu studieren, zu ergänzen und zu erweitern. Diesen Erfahrungsschatz hat sie nun schon tausenden von Menschen in Rundfunk- und Fernsehsendungen weitergegeben. Ratsuchende mit einfachen Rezepten und Anwendungen zu inspirieren: das ist die besondere Fähigkeit Renate Spannagels.

Haftungsausschluss
Die Inhalte dieses Buches sind sorgfältig recherchiert und erarbeitet worden. Dennoch können weder Autorin noch Verlag für alle Angaben im Buch eine Haftung übernehmen.

Die Deutsche Bibliothek – CIP Einheitsaufnahme

Renate Spannagel
Heilkraut Brennnessel / Renate Spannagel –
Augsburg: Weltbild Verlag GmbH 1998
ISBN 3-89604-731-0

Bildnachweis
Bildarchiv OKAPIA KG, Berlin: 14 (Hans Reinhard), 16 (Hans Reinhard), 22 (Karl-Heinz Hänel), 29 (Klein & Hubert), 38 (Hans Reinhard), 50 (Helmut Lange), 55 (Manfred Ruckszio), 56 (Hans Reinhard), 72 (Ilona Backhaus), 74 (Hans Reinhard); Bilderberg Archiv der Fotografen GmbH, Hamburg: 10 (Eberhard Grames), 18 (Eberhard Grames), 61 (Wolfgang Kunz); Foto Traudl Bühler, Augsburg: Frontispitz; MEV Verlag GmbH, Augsburg: 7, 20, 25, 48, 52, 53, 82; PhotoPress Bildagentur GmbH, Stockdorf/München: 5 (Geduldig), 4 (J. B. E.), 9 (Schlierbach), 34 (Kuh); Stock Food, München: 42 (Studio Bonisolli), 45 (Friedrich Wondrasch), 64 (Michael Brauner), 68 (S.&P. Eising); ZEFA Zentrale Farbbildagentur GmbH, Frankfurt: 78 (Pfander).
Umschlag vorne: Bildarchiv OKAPIA, Berlin (Haus Reinhard)
Einklinger und Umschlag hinten: Foto Traudl Bühler, Augsburg

Literatur
Abtei Fulda: Pflanzensaft bringt Pflanzenkraft. Fulda o. J.
Angerstein, Joachim H.: Die Essig-Hausapotheke, Augsburg 1997
Kempf-Luysterburg, Margarethe: Altbewährte Naturheilmittel aus der Bircher-Benner-Klinik. Augsburg 1996
Oppliger, Peter/Zeller, Georges: Heiltees, die wirklich helfen. Augsburg 1997
Schiller, Reinhard: Hildegard – Entgiftung des Körpers. Augsburg 1994
Schönfelder, Peter und Ingrid: Der Kosmos-Heilpflanzenführer. Stuttgart 1995
Wichtl, Max (Hrsg.): Teedrogen und Phytopharmaka. Stuttgart 1997
Willfort, Richard: Gesundheit durch Heilkräuter. Linz 1959
Zittlau/Kriegisch/Heinke: Hausmittel. München 1995

Impressum

Redaktion: Barbara Zander, Dr. Horst Leisering
Bildredaktion: Michael Brandstätter
Umschlag: Beatrice Schmucker
Layout: Christine Paxmann, München
Grafik / DTP-Produktion: AVAK Publikationsdesign, München
Reproduktion: GAV, Gerstetten
Druck und Bindung: Offizin Andersen Nexö, Grafischer Großbetrieb, Leipzig

Gedruckt auf chlorfrei gebleichtem Papier

Printed in Germany

ISBN 3-89604-731-0

Stichwortverzeichnis